대학생을 위한 학습전략의 실제

LAMP WORKBOOK

LAMP WORKBOOK

대학생을 위한 학습전략의 실제

LAMP WORKBOOK

박동혁 저

학지사

머리말

공부를 잘하는 사람들은 어떤 특징이 있을까요? 어떤 사람은 암기력이 중요하다고 말하고, 또 어떤 사람은 집중력과 끈기가 중요하다고 말합니다. 혹은 머리 좋은 사람이 결국 공부를 잘한다는 말이 있기도 하고 환경이 중요하다는 점도 강조됩니다. 여러 사람의 의견을 모아 보면 수십 가지 이상의 특징이 공부를 잘하는 사람들과 관련이 있는 것으로 나타납니다.

그런데 우리가 주목해야 할 보다 중요한 사실은 학업성취는 명백히 '능력'보다 '태도'가 결정한다는 점입니다. 즉, 아무리 머리가 좋고, 이상적인 여건을 갖추고 있어도 공부하고자 하는 의지와 동기가 뒷받침되지 않으면 앞의 조건은 별 의미가 없다는 것입니다. 최근 학습에서 가장 중요한 요소로 인식하고 있는 '자기주도적 학습'은 '능력'의 문제가 아니라 '태도'의 문제를 강조하고 있음을 기억해야 합니다.

'태도'의 문제라는 것이 무조건 열심히 하는 것을 뜻하는 것은 아닙니다. 공부를 열심히 하는 것은 좋은 일이지만, 무엇이 효과적인 방법인지 모른 채 무조건 열심히 하는 것은 사막에서 나침반 없이 탈출하려 시도하는 것과 같을지 모릅니다. 열심히 하려는 의욕도 중요하지만, 자신에게 주어진 시간, 노력, 재능, 흥미 등의 수많은 자원의 습관적인 활용 방법은 사람마다 전혀 다른 결과를 가져다줄 수 있습니다. 다시 말해, '어떻게' 노력하고 있는지가 중요한 것입니다.

공부에 있어 학습의 효율성은 학습전략이 좌우합니다. 학습전략은 지능과 달리 선천적인 것이 아니며, 일정 기간의 훈련이나 연습에 의해 상당한 변화가 가능합니다. 오른손잡이가 다음 날 왼손잡이가 되는 것 같은 변화는 일어나지 않지만, 연습을 통해 오른손이 하던 일을 왼손이 조금 더 잘 보완하는 것은 가능합니다. 처음에는 힘들고 어색하지만, 효과적인 방법이 무엇인지 이해한 후, 그것을 습관이 될 때까지 꾸준히 적용하면 자신의 삶에 분명한 결과를 가져다줍니다.

이 프로그램은 대학생 여러분의 공부습관, 학습전략을 향상시키기 위한 목적으로 만들어졌으며, 총 13차시의 주제로 구성되었습니다. 이 프로그램의 내용은 개인의 성공담을 토대로 한 것이 아니며 오랜 연구를 통해 심리학적으로 검증된 보편 타당한 원리를 기반으로 합니다. 이 워크북을 통해 비로소 자신의 꿈을 펼치게 해 줄 즐거운 공부를 경험할 수 있는 계기가 되기를 간절한 마음으로 기대해 봅니다.

마음은 배움의 힘을, 배움은 마음의 힘을 키워 줍니다. 우리는 그 힘을 믿습니다.

심리학 박사/심리학습센터 '마음과 배움' 원장 박동혁

차례

제1장

학습전략과 SWOT 분석을 통한 자기이해

MLST 학습전략검사를 통한
학습전략의
강약점 이해하기

토론 자료

모죽 이야기

한국과 중국, 일본에 자생하는 모죽이라는 대나무가 있다. 이 대나무는 처음 심고 나서 5년이 될 때까지는 아무리 물을 주고, 정성을 다해도 전혀 자랄 기미를 보이지 않는다. 하지만 5년을 채우고 나면 그때부터 하루에 70~80cm씩 자라나기 시작해 무려 30m까지 자라나 위용을 과시한다.

그런데, 아무리 물을 주고 정성을 다해도 잘 자라지 않던 대나무가 어떻게 5년이 지난 후에는 그 짧은 시간에 30m까지 자랄 수 있을까? 심지어 이렇게 성장하며 쓰러지지도, 부러지지도 않는다.

그 비밀은 뿌리에 있다. 모죽은 5년 동안 뿌리를 사방으로 깊숙하게 내려서 그 뿌리가 수십 미터나 뻗친다고 한다. 겉에서 보았을 때는 아무런 변화도, 성과도 없는 듯 하지만 5년 동안 기초를 다지기 위한 노력을 하는 것이다. 이러한 보이지 않는 꾸준한 노력 때문에 결국 멋지고 당당한 모습을 세상에 드러낼 수 있는 것이다.

혹시 여러분은 지금 열심히 공부해도 만족스러운 결과가 나오지 않아 실망하고 있는가? '난 왜 이렇게 안 될까?' '난 못하겠어.'라는 생각이 드는가?

그렇다면 30m 높이로 자라나 세상을 놀라게 하는 '모죽'처럼 지금은 땅속 깊숙한 곳에서 뿌리를 내리고 있는 중이라고 생각해 보라. 지금의 노력은 분명하게 미래에 내가 성공하기 위한 밑거름으로 작용할 것이다.

토론하기

오랜 시간 노력한 후 급격히 향상될 수 있었던 일들의 예를 찾아보자. 혹 본인의 삶 속에서 경험했던 것에는 어떤 것들이 있는가?

체크리스트

내가 공부하는 이유는?	✓
1. 부모님의 강요로	☐
2. 부모님을 기쁘게 해 드리고 싶어서	☐
3. 교수님의 칭찬을 받기 위해서	☐
4. 남에게 지는 것이 싫으니까	☐
5. 남들보다 좋은 회사에 들어가기 위해서	☐
6. 자신만의 꿈을 실현하기 위해서	☐
7. 자신만의 전문성을 향상시키기 위해	☐
8. 즐거움을 느낄 수 있기 때문에	☐
9. 배우는 것이 좋아서	☐
10. 성취감을 느낄 수 있으니까	☐

✿ 자신이 공부하는 이유는 어느 쪽에 더 가까운가? 그 이유는 무엇이라고 생각하는가?

1~5번 문항에 체크한 개수 (　　)	6~10번 문항에 체크한 개수 (　　)

1 현재 공부에 대한 느낌 표현하기

책의 맨 뒤에 있는 감정 스티커를 사용해 보자.

떠오르는 것	감정	그렇게 느낀 이유
예시) -짜증 난다.		예시) -취업에 대한 압박감 때문에
(1)		
(2)		
(3)		

2 학업 성취 곡선을 통한 자기이해

상												
중상												
중												
중하												
하												
학년	초등	중1	중2	중3	고1	고2	고3	대1	대2	대3	대4	대학원

가장 성취도가 높았을 때와 그 이유는?	가장 성취도가 낮았을 때와 그 이유는?

3 학업 스트레스 마인드맵

공부 스트레스 마인드맵을 통해 현재 느끼고 있는 공부에 대한 스트레스를 좀 더 명확하게 살펴보자. 먼저 '공부 스트레스'로 중심 이미지를 잡고 주변의 여러 가지 장면의 이미지나 단어를 연상해서 적어 본다. 공부와 관련된 일, 생각, 느낌 등을 자유롭게 떠올리며 작성한다.

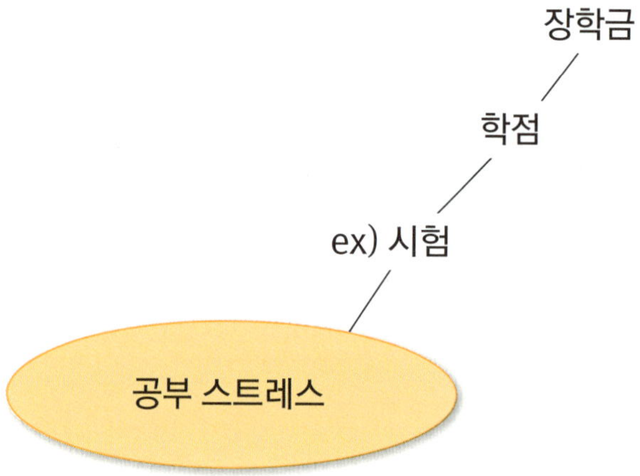

4 공부에서의 어려움 탐색하기

누구에게나 공부는 어렵고 힘든 일이지만, 그 이유는 사람마다 다르다. 공부할 때 가장 해결하고 싶은 문제나 공부가 어렵게 느껴지는 이유는 무엇인지, 그것이 몇 퍼센트나 해당하는지를 적어 보자. 그리고 다음 페이지 뇌구조 그림에 자유롭게 표현해 보자.

공부할 때 자주 부딪히는 어려움	
	%
	%
	%
	%
	%
합	100%

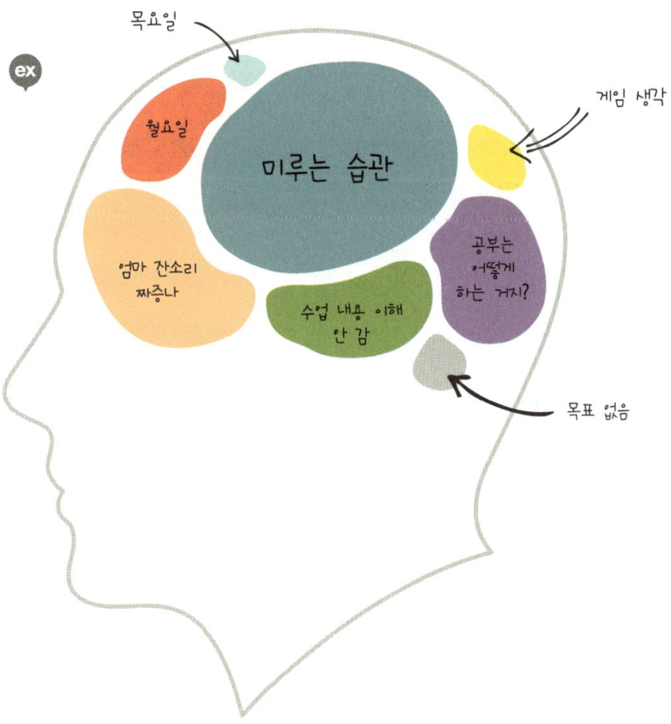

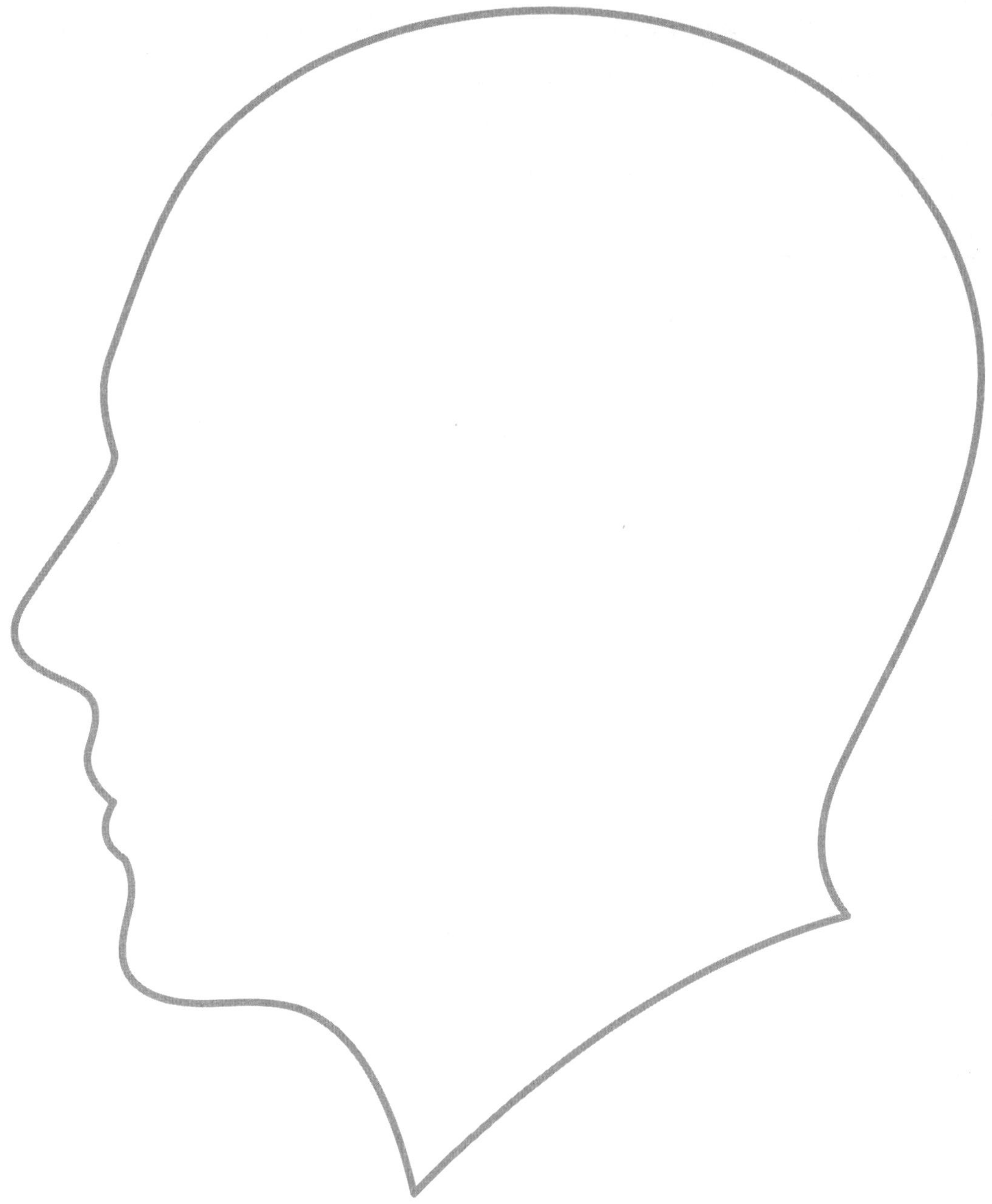

5 검사 결과를 통한 강약점의 이해

효과적인 학습을 위해서는 다수의 전략적 행동이 요구된다. MLST 학습전략검사는 학습과정에서 일어나는 습관적, 행동적, 전략적 효율성을 측정한다.

이러한 요인들은 현재의 학업성취도에 직접적인 영향을 줄 수 있을 뿐만 아니라, 학년의 증가에 따라 지능 이상의 영향력을 발휘하며 자기주도적 학습능력의 근간을 이룬다.

또한 본인의 노력과 경험, 그리고 훈련에 의해 충분히 변화할 수 있는 부분이기 때문에 학습전략에서의 장점과 단점을 이해하는 것은 학업성취에 있어서 매우 실제적인 의미를 가지고 있다.

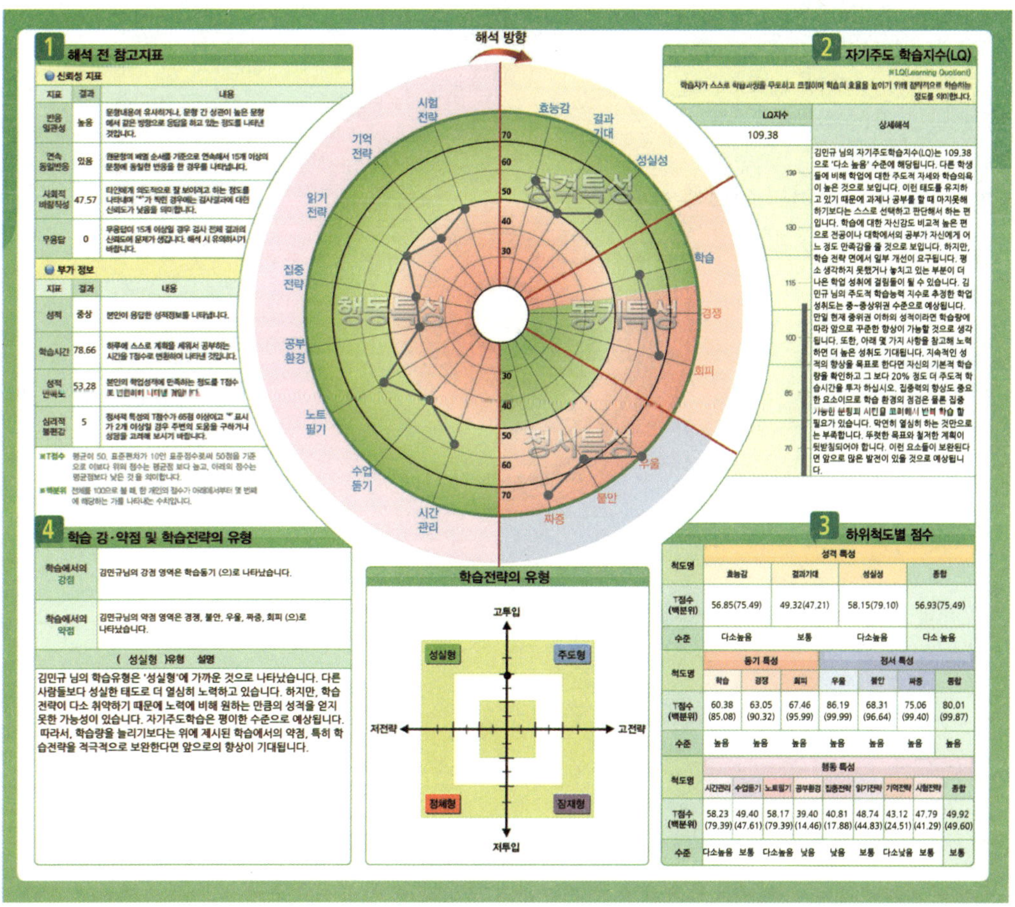

1) **성격적 특성**을 통해 알 수 있는 공부에 대한 **자신감**

✿ 공부에 대한 자신감은 자신의 □□ 에 대해 얼마나 확신하고 있는지에 따라 달라진다. 검사 결과 나의 성격적 특성 종합점수는 어디에 해당되는가? 아래 그래프에 ✓ 표시해 보자.

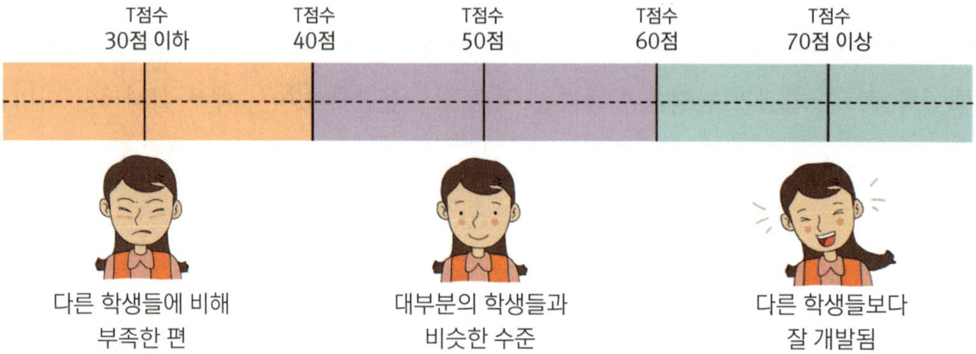

✿ 자신감을 키우려면 어떻게 해야 할까?

2) 동기적 특성을 통해 알 수 있는 **동기**

✿ 동기란 공부하는 ☐☐와 ☐☐에 따라 달라진다. 어떤 동기가 가장 높게 나왔는지 자신의 동기 패턴을 확인해 보자.

학습동기	배움 그 자체를 중요하게 여기고 학습에 대한 흥미와 호기심, 만족감을 느끼는 정도를 측정
경쟁동기	자신의 능력이나 성취를 다른 사람들에게 과시하고자 하는 욕구, 인정받고자 하는 욕구를 측정
회피동기	자신의 부족하거나 열등한 모습을 보이고 싶어 하지 않으려는 욕구를 측정

✿ 학습동기를 높이려면 어떻게 해야 할까?

3) **정서적 특성**을 통해 알 수 있는 **마음상태**

✿ 정서적 특성이란 공부에 방해되는 자신의 정서적 □□□ 의 정도를 나타낸다.
검사 결과 나의 정서적 특성 종합점수는 어디에 해당되는가? 아래 그래프에 ✔ 표시해 보자.

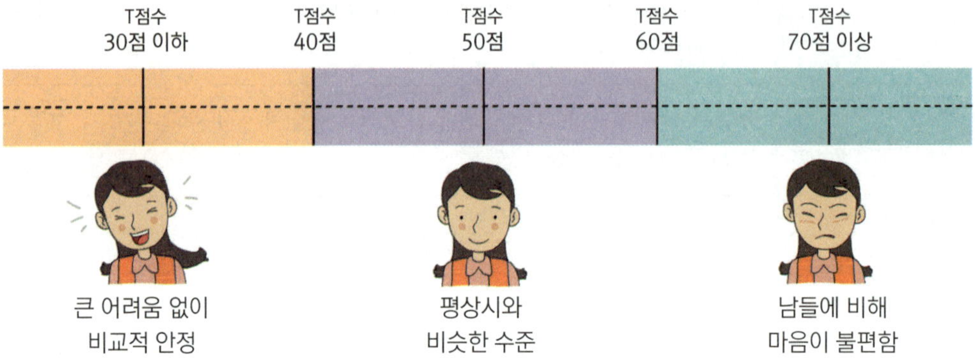

✿ 안정된 마음을 유지하려면 어떻게 해야 할까?

4) 행동적 특성을 통해 알 수 있는 나의 **학습전략**

✿ 학습전략이란 공부를 할 때 주로 어떤 □□과 □□을 가지고 있는지를 의미한다. 검사 결과 나의 행동 특성 종합점수는 어디에 해당되는가? 아래 그래프에 ✔ 표시해 보자.

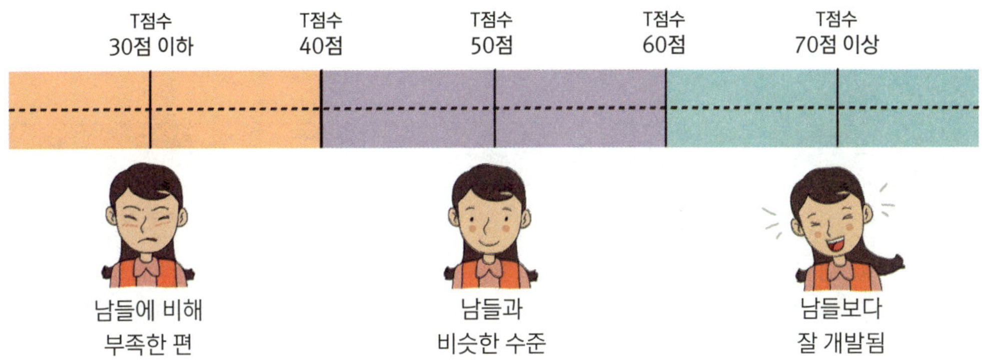

✿ 상대적으로 부족한 학습기술은 무엇인가?

6 학습에서의 강약점 SWOT 분석

SWOT는 강점(Strength), 약점(Weakness), 기회(Opportunity), 위협(Threat)의 머리글자를 모아 만든 단어로 대개 마케팅 장면에서 경영 전략을 수립하기 위한 분석에 자주 활용된다. 내적인 면을 분석하는 강점/약점 분석과, 외적 환경을 분석하는 기회/위협 분석으로 나누기도 하며 긍정적인 면을 보는 강점과 기회 그리고 그 반대로 위험을 불러오는 약점, 위협을 저울질하는 도구이다. 공부에 있어 자신의 강약점을 SWOT 분석의 형태로 정리해 보자.

	유리한 점	취약점
내적인 측면	Strength 강점 예) 성실하다 수업을 빠지지 않는다	Weakness 약점 예) 시간관리를 잘 못한다 집중력이 약하다
환경적 측면	Opportunity 기회 예) 학교에서의 다양한 지원 마음에 맞는 친구들	Threat 위협 예) 스트레스가 많다 교수님과의 갈등

자신의 사례를 직접 기록하고 논의해 보자.

	유리한 점	취약점
내적인 측면	Strength 강점 (유지)	Weakness 약점 (보완)
환경적 측면	Opportunity 기회 (활용)	Threat 위협 (대처)

7 문제점에 대한 해결책 탐색하기

검사 결과를 포함해서 앞에서 찾아본 공부에서의 어려움과 문제점 중 가장 중요한 것을 3가지 고른다. 그리고 해결책에 대해 찾아보자. 내가 이미 가지고 있는 강점과 기회를 잘 활용해 보자.

문제점 하나!	→ 어떻게 하면 이 문제점을 해결할 수 있을까?
문제점 둘!	→ 어떻게 하면 이 문제점을 해결할 수 있을까?
문제점 셋!	→ 어떻게 하면 이 문제점을 해결할 수 있을까?

8 실행 목표 정하기

아주 작은 행동이 큰 변화의 마중물 역할을 할 수 있다. 하루 단 10분간 적용해 볼 수 있는 실행 목표를 3가지만 적어 보자.

①

②

③

적용 과제

워크넷에 접속해서 진로탐색 검사를 실시한 후
결과지를 출력해서 가져오기

http://www.work.go.kr

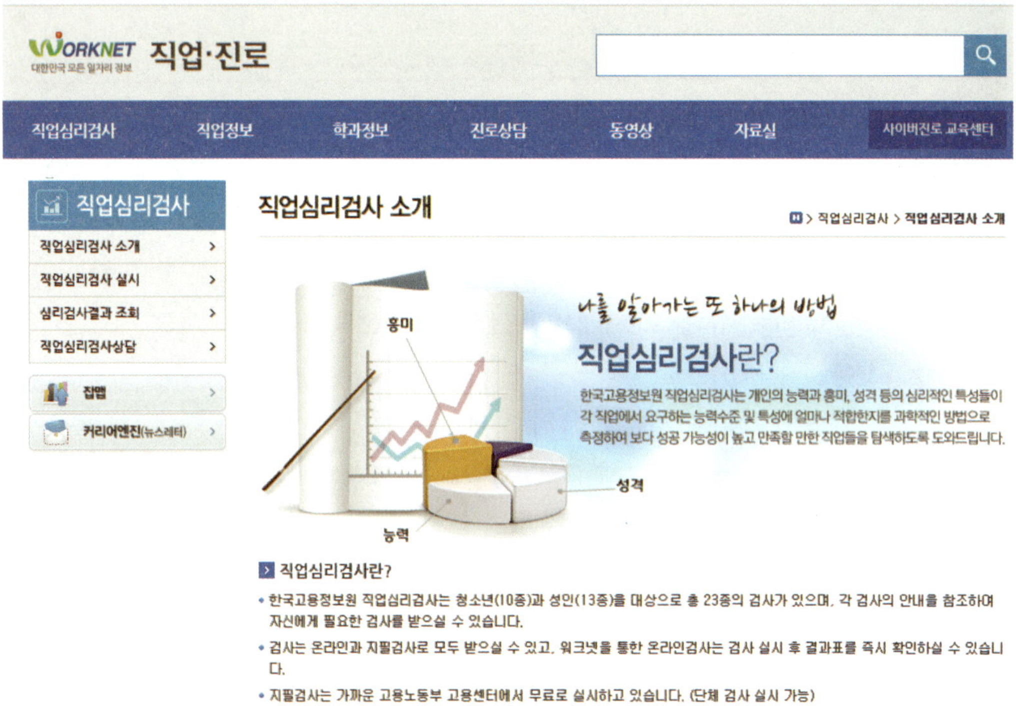

제2장

동기향상과 목표

A-VIP 모형에 따른 진로목표 탐색

지난 시간 내용 정리

지난 시간에는 학습에 있어서 자신의 장단점을 정리하고 단점을 보완할 수 있는 실천 전략에 대해 생각해 보았다. 실천한 것이 무엇이고 그 결과는 어떠했는지 논의해 보자.

토론 자료

목표설정의 힘

하버드 경영대학원 MBA과정 재학생들을 대상으로 목표설정에 관한 연구가 진행된 적이 있다. 이들에게 졸업 후 어떤 목표를 가지고 있는지 글로 작성해서 제출하도록 했다. 그 결과 뚜렷한 목표를 세우고 그것을 달성하기 위한 구체적인 계획을 세운 학생은 전체의 3%뿐이었다. 13%는 목표가 있었지만 구체적인 실천계획이 없었고 나머지 84%의 학생들은 목표와 계획 모두 제출하지 못했다.

재미있는 것은 졸업 후 그들의 삶의 질과 수입의 정도였다. 목표와 계획이 뚜렷했던 3%는 나머지 97%의 평균수입보다 10배에 달하는 높은 수입을 올리고 있었고 목표만 있던 13%는 아무런 목표도 없는 학생들보다 평균 2배의 수입을 올리고 있었다. 목표와 계획이, 같은 강의실에 앉아 있던 사람들의 운명을 바꾸어 버린 것이다.

대부분의 학생들은 지도도 표지판도 없이 낯선 세계를 여행하듯이 살아간다. 즉, 무엇을 해야 하는지, 자신이 잘할 수 있는 일이 무엇인지 잘 찾아보지도 않고 막연하게 살아가고 공부하는 경우가 대부분이다. 그럴 때 우리의 미래는 언제나 막연하고 자신감을 가지기 어렵게 된다.

세계적인 경영컨설턴트이자 베스트셀러 저자인 브레이언 트레이시는 '목표는 막연한 꿈이 아닌 기술'이라고 강조하고 있다. 그는 성공하려면 앞에서 조사된 상위 3%의 방식을 따라 해야 한다고 말한다. 즉, 무엇이 되고 싶은지, 어떻게 그것에 도달할지에 대해서 미리 생각하고 움직여야 하며 그러한 마음의 지도를 갖는 것이 매우 중요하다고 강조하였다.

목표를 성취하기 위해서는 목표, 계획, 실행이 중요하다. 이 모든 것의 출발점은 목표설정이다. 분명한 목표를 수립하지 않고서는 그 어떤 일도 시작조차 할 수 없다. 생각해 보라. 보이지 않는 표적을 어떻게 맞출 것인가?

토론하기

✿ 주변에서 미래에 대해 가장 뚜렷한 목표의식을 가진 사람은 누구인가? 나의 경우는 어떠한가?

진로 준비도 체크리스트

문항	✓
1. 내가 선택한 진로 영역에서 잘 해낼 자신이 있다.	
2. 나는 어떤 진로를 선택하든지 간에 잘할 자신이 있다.	
3. 나는 노력만 하면 내가 원하는 진로를 이루어 낼 수 있다.	
4. 나는 내가 원하는 진로 영역에서 상사에게 인정받을 자신이 있다.	
5. 나는 학교를 다니고 있는 현재에도 앞으로의 진로에 대해 자주 상상해 본다.	
6. 자신이 원하는 진로를 찾기 위해 미리 계획을 세워 놓아야 한다.	
7. 내가 계획한 진로와 관련된 정보를 찾는 데 관심이 많다.	
8. 뉴스를 볼 때, 내가 원하는 직업에서 성공한 사람의 이야기를 관심 있게 본다.	
9. 누군가 내가 원하는 진로 및 직업에 대해 설명회를 해 주면 좋겠다.	
10. 나는 진로선택에 필요한 흥미나 성격 등을 알아보기 위해 상담 받기를 원한다.	

점수	결과
9 ~ 10점	진로 준비도가 매우 높음
6 ~ 8점	진로에 대한 관심도가 비교적 높음
4 ~ 6점	진로에 대한 고민이 다소 부족
3점 이하	진로에 대한 준비가 많이 부족

논의: 체크리스트를 통해 확인한 자신의 강점과 약점은?

1 직업 선택의 기준

1) 직업을 선택할 때 중요하게 생각하는 기준은 무엇인가? 우선순위에 따라 3가지를 적어 보자.

1위

2위

3위

2) 다른 사람들은 어떤 것을 가장 중요한 기준으로 선택했는지 주변 사람들의 의견을 정리해서 순위를 매겨 보자.

1위

2위

3위

3) 다른 사람들은 어떤 기준으로 진로를 선택할까?

✿ 다음은 진로선택에 대한 연구 결과이다. 빈칸에 들어갈 답을 추측해서 적어 보자.

- "직업 선택 시 가장 중요하게 생각하는 요인은?" (출처: 2012년 통계청)

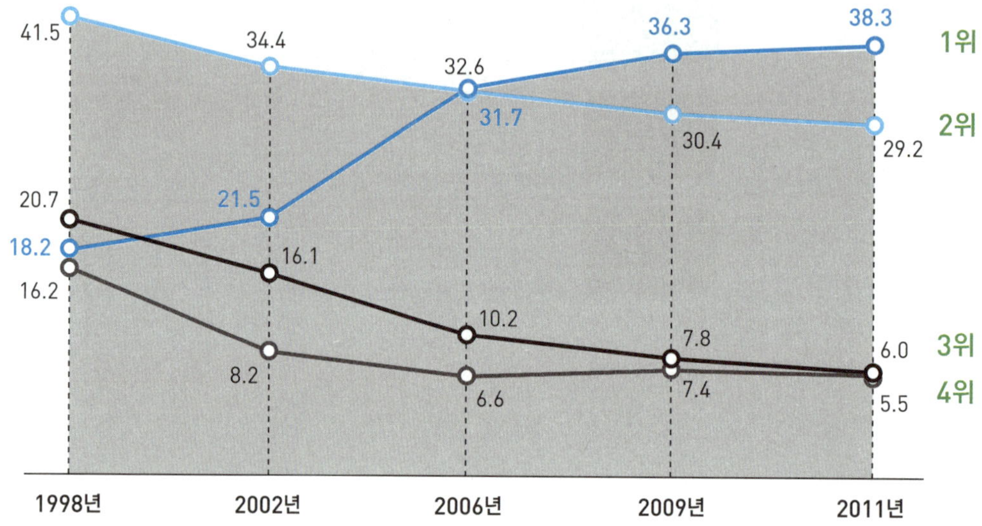

1위	
2위	
3위	
4위	

• "직업에 대한 만족도가 가장 높은 직업과 낮은 직업은?" (출처: 2012. 한국고용정보원)

만족도가 높은 직업		만족도가 낮은 직업	
1위	초등학교 교장	44위	의사
2위	성우	57위	?
3위	?	149위	?
4위	?	135위	?
5위	?	223위	외교관

<보기>

프로축구선수, 상담전문가, 작곡가, 변호사, 프로게이머, 가수, 신부, 약사, 국회의원, 영화배우

앞에서 살펴본 연구 결과들이 시사하는 바는 무엇일까? 어떤 기준을 가지고 진로를 선택할 때 행복한 삶을 살 수 있을지 생각해 보자.

2 진로를 찾는 전략 A-VIP

다음 영역에 대한 답을 정리해야 진로에 관련된 '자기'를 이해하게 된다. 먼저 A-VIP 모형에 대해 이해해 보자.

Aptitude	**V**alue
Interest	**P**sychological test

3 적성(Aptitude)의 탐색

적성이란 어떤 일을 하는 데 필요한 □□이나 □□을 말한다. 이것은 태어나면서부터 가지고 있는 기질이나 성격적인 측면으로부터 영향을 받을 뿐 아니라 자라 오면서 받은 환경적인 영향, 경험 등을 통해 생기는 것이다. 적성은 능력적인 부분을 반영하기 때문에 흔히 자신의 강점으로 찾아볼 수 있다.

많은 사람들이 '나는 특별히 잘하는 것이 없어~'라고 생각하며 강점 찾기를 어려워한다. 하지만 강점이 없는 사람은 존재하지 않는다. 다만 그동안 숨어 있는 자신의 강점을 관심 있게 찾아보지 않았을 뿐이다. 다음의 질문에 대답해 보며 나의 강점을 찾아보자.

1) 지금까지 해 봤던 일들 중에서 잘할 수 있다고 생각되는 일은 무엇인가?

•

•

•

2) 나를 잘 알고 있는 사람들이 내게 잘한다고 평가했던 것은 무엇인가?

•

•

•

3) 상대적으로 잘하는 과목이나 우수한 학업능력은?

•

•

•

- 강점표의 활용

0(해당되지 않음) – 1(약간의 소질) – 2(잘하는 편이라 느낌) – 3(매우 잘하는 편)

내용	점수	내용	점수
기계를 잘 다룬다	0–1–2–3	공감능력이 좋다	0–1–2–3
체력이 좋다	0–1–2–3	남을 잘 돕는다	0–1–2–3
운동을 잘한다	0–1–2–3	이해심이 많다	0–1–2–3
손재주가 있다	0–1–2–3	잘 가르친다	0–1–2–3
물건을 잘 고친다	0–1–2–3	사교성이 좋다	0–1–2–3
활기차다	0–1–2–3	대화를 잘한다	0–1–2–3
호기심이 많다	0–1–2–3	설득력이 좋다	0–1–2–3
분석을 잘한다	0–1–2–3	리더십이 있다	0–1–2–3
생각이 깊다	0–1–2–3	열정적이다	0–1–2–3
책을 잘 읽는다	0–1–2–3	배짱이 있다	0–1–2–3
논리적이다	0–1–2–3	경쟁적이다	0–1–2–3
관찰력이 좋다	0–1–2–3	결정을 잘 내린다	0–1–2–3
창의적이다	0–1–2–3	정리정돈을 잘 한다	0–1–2–3
상상력이 풍부하다	0–1–2–3	계획적이다	0–1–2–3
패션감각이 있다	0–1–2–3	꼼꼼하다	0–1–2–3
음악적 소질이 있다	0–1–2–3	조심성이 있다	0–1–2–3
그림을 잘 그린다	0–1–2–3	돈을 잘 관리한다	0–1–2–3
자유롭다	0–1–2–3	질서를 잘 지킨다	0–1–2–3

2점 이상 해당되는 강점의 공통점을 찾아 정리한 후 다른 사람에게 설명해 보자.

4 흥미(Interest) 영역 정리하기

생활하면서 즐거움을 느끼고 관심이 있는 일이나 활동들을 자유롭게 적어 보자. 단지 시간이 잘 가거나 단순한 재미를 느낄 수 있는 활동보다는 관심의 기간이 길고 구체적인 활동이 포함되어야 한다.

- 내 흥미의 무게는?

먼저 저울판에 있는 6개의 동그라미에 자신의 흥미를 적어 보자. 그 다음 흥미의 정도와 강도를 무게로 표시한다. 최소 1kg에서 최대 10kg으로 무게를 매길 수 있다.

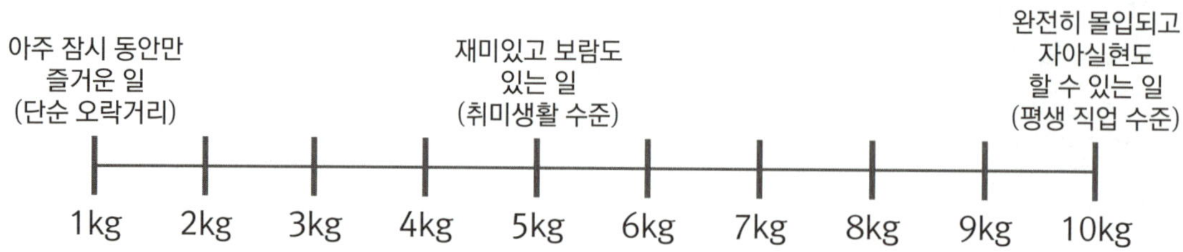

✿ 자신의 흥미의 무게가 총 몇 kg인지 계산해 보자. 그리고 저울에 총 몇 kg인지 표시해 보자.

_______________ kg

✿ 이번에는 흥미의 정도를 아래 상자에 분류해 보자.

즉흥적인 흥미(3kg 이하)	지속적 흥미(7kg 이상)

- 흥미의 분류

✿ 평소 자신의 흥미 분야라고 생각하는 활동에 밑줄을 긋고 그 개수를 기록해 보자.

〈흥미분류표〉

분야	활동 종류	개수
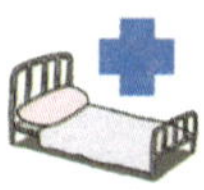 돌보기 활동	어린아이 돌보기, 노인 방문하기, 다른 친구들에게 모르는 문제 가르쳐 주기, 방문객 안내하기, 봉사하거나 자원 활동하기, 간호하기	
 대인관계 활동	자선 단체 조직하기, 토론하기, 논쟁하기, 청소년 단체 참여하기, 학교 동아리 활동 참여하기, 게임 고안하기, 다른 사람의 이야기 들어 주기, 다른 사람 설득하기	
 언어 활동	문학 서적 읽기, 철학 서적 읽기, 역사 서적 읽기, 단어의 어원 찾기, 출판물 편집하기, 기사 작성하기, 영어로 외국인과 대화하기, 외국어 배우기	
 과학 활동	화학 공부하기, 물리 공부하기, 생물 공부하기, 천체와 별 관찰하기, 동식물 관찰하기, 환경 변화 탐구하기, 과학 관련 책 읽기	

 계산/정리 활동	용돈 사용 계획 작성하기, 가계부 정리하기, 돈 관리하기, 다이어리 정리하기, 주변환경 청소하기, 신문의 경제면 읽기	
 기구활용 활동	모형 비행기 만들기, 프라모델 만들기, 시계나 자전거 등을 수리하기, 전기 기구 설치 및 수리하기, 가구 제작하기, 조립하기, 장난감 고치기, 목재 공작하기	
 실습 활동	십자수, 뜨개질, 가구 칠하기나 닦기, 옷 수선 및 재단하기, 조리하기, 주변 장식하기, 식물 재배하기, 정원 가꾸기	
 예술 활동	음악 듣기, 시 쓰기, 도자기 만들기, 춤추기, 그림 그리기, 사진 찍기, 악기 연주하기, 예쁜 글씨 쓰기, 귀여운 캐릭터 그리기	
 신체 활동	축구, 야구, 수영, 등산, 자전거, 단체 게임	

〈출처: 2011. 경기도 교육청〉

5 가치관(Value) 탐색

우리는 살아가면서 선택을 해야 하는 무수한 상황에 맞닥뜨리게 된다. 이때 선택의 기준이 되는 것이 가치관이다. 가치관은 자신이 삶에서 중요하다고 믿고 의미 있다고 생각하는 것을 의미한다.

우리 삶 속에서 가치관은 어떻게 작용할까?

구제역 수의사의 절망

구제역 방역이 장기화하면서 가축의 살처분을 도맡아 하는 방역 공무원들이 육체적 · 정신적으로 고통스런 시간을 보내고 있다. 경기도 제2축산위생연구소 가축방역팀의 백○○(37 · 수의사) 씨는, 지난달 16일 파주지역에 투입된 뒤 22일째 여관에서 지내면서 아침부터 밤늦은 시간까지 구제역과 싸우고 있다. 초기에는 거의 매일 새벽 4~5시까지 밤샘작업을 했다고 한다. 백 씨 등 경기도 제2축산위생연구소 가축방역관 30여 명은 가축의 상태를 판단하고 소독에서 살처분 · 매몰까지 모든 과정을 지휘하는 경기 북부지역 구제역 현장 사령관들이다. 행정 공무원과 군인, 경찰, 소방대, 민간인 등 지원 인력에 대한 교육과, 예방 살처분에 반발하는 농민을 설득하고 매몰지를 선정하는 일이 모두 이들의 몫이다.

8살 아이를 둔 백 씨는 "무엇보다 가장 견디기 힘든 것은 젖먹이 송아지나 새끼돼지를 살처분할 때"라며 "이럴 때면 직업에 대한 회의감이 몰려오고, 악몽에 시달리곤 한다."고 말했다. 지난해 1월 경기도 연천에서 발생한 구제역 살처분에 동원된 뒤엔 외상후 스트레스와 우울증을 겪었다고 했다. 당시 살처분 한우농장이 우연히도 지지난해 브루셀라 감염 때문에 자신의 손으로 살처분했던 농가여서 후유증이 더 컸다고 말했다. 두 번씩이나 같은 집 가축을 없앴다는 죄책감 때문에 사흘간 농가에 머물며 울면서 사죄했지만, 현장을 떠난 뒤에도 한참 동안 소 · 돼지 울음소리가 환청처럼 들리고 소 · 돼지에 쫓기는 악몽에 시달렸다고 했다. 이날 한나라당 구제역대책특위 간사인 김영우 의원이 내놓은 자료를 보면, 최근 살처분 참여 공무원 211명을 설문조사한 결과 71.1%가 정신적 스트레스, 악몽 등에 따른 수면장애를 겪는다고 했다.

백 씨는 "생명을 살려야 할 수의사가 생명을 없애는 일도 해야 하니 가슴이 아프다"면서도 "구제역 차단을 위해선 살처분은 불가피하다."고 말했다. 그는 "축산농가들도 방역에 힘쓰는 등 자신의 재산을 지키는 노력을 해 달라."고 당부했다.

2011년 1월 ##신문

✿ 이 사건에서 수의사들이 겪는 어려움의 이유는 무엇일까?

✿ 이와 같은 상황이 아니더라도, 만약 나의 가치관과 어긋나는 직업을 선택하게 된다면 어떤 결과가 나타날지에 대해 논의해 보자.

- 직업 가치관의 종류 이해하기

✿ 다음 가치관 분류표의 설명을 읽고 평소 자신의 가치관에 가장 잘 부합하는 것 3가지를 골라 ✓ 표시해 보자.

가치관	설명	✓
성취	스스로 달성하기 어려운 목표를 세우고 이를 달성하여 성취감을 맛보는 것을 중시하는 가치	
봉사	자신의 이익보다는 사회의 이익을 고려하며, 어려운 사람을 돕고, 남을 위해 봉사하는 것을 중시하는 가치	
개별 활동	여러 사람과 어울려 일하기보다 자신만의 시간과 공간을 가지고 혼자 일하는 것을 중시하는 가치	
직업 안정	해고나 조기퇴직의 걱정 없이 오랫동안 안정적으로 일하며 안정적인 수입을 중시하는 가치	
변화 지향	일이 반복적이거나 정형화되어 있지 않으며 다양하고 새로운 것을 경험할 수 있는지를 중시하는 가치	
몸과 마음의 여유	건강을 유지할 수 있으며 스트레스를 적게 받고 몸과 마음의 여유를 가질 수 있는 업무나 직업을 중시하는 가치	
영향력 발휘	타인에게 영향력을 행사하고 일을 자신의 뜻대로 진행할 수 있는지를 중시하는 가치	
지식 추구	일에서 새로운 지식과 기술을 얻을 수 있고 새로운 지식을 발견할 수 있는지를 중시하는 가치	
애국	국가의 장래나 발전을 위하여 기여하는 것을 중시하는 가치	
자율성	다른 사람들에게 지시나 통제를 받지 않고 자율적으로 업무를 해 나가는 것을 중시하는 가치	
금전적 보상	생활하는 데 경제적인 어려움이 없고 돈을 많이 벌 수 있는지를 중시하는 가치	
인정	자신의 일이 다른 사람들로부터 인정받고 존경받을 수 있는지를 중시하는 가치	
실내 활동	주로 사무실에서 일할 수 있으며 신체활동을 적게 요구하는 업무나 직업을 중시하는 가치	

〈출처: 한국고용정보원〉

- 가치관 세 잎 클로버

✿ 가치관 분류표에서 선택한 핵심 가치관 3개를 아래 클로버에 기록하고 그것을 선택한 이유도 함께 정리해 보자.

6 진로탐색 검사의 활용

1) Holland의 이론

Holland의 이론은, 인간의 직업적 성격이나 특성이 대표적인 몇 개의 유형으로 구분된다는 직업적 성격이론이다. 유형론은 아래와 같은 내용에 근거하고 있다.

첫째, 대부분의 사람들은 6가지 성격 유형 중 한 가지 유형에 해당된다. 이를 Holland의 6각 모형(RIASEC 모형)이라 하는데, 6가지 유형은 □□ 형(Realistic type), □□ 형(Investigative type), □□ 형(Artistic type), □□ 형(Social type), □□ 형(Enterprising type), □□ 형(Conventional type)으로 구성된다.

둘째, 개인을 둘러싼 실제 생활환경 역시 실재적, 탐구적, 예술적, 사회적, 기업적, 관습적 환경의 6가지 환경으로 구성되어 있다.

셋째, 개인의 성격은 그 사람의 강한 □□ 가 되고, 이는 다시 개인의 특정한 능력감을 창출해 낸다고 가정한다. 가령 실재형에 해당되는 사람은 기계에 관심이 많고, 자주 기계를 다루면서 이에 대한 자신감도 높아지게 되는 것이다. 이러한 관심과 자신감은 그 사람이 특별한 방법으로 생각하고 느끼고 행동하도록 하는 독특한 성격적 특성을 만들어 내고, 한 부모나 문화적 특성과 같은 환경적인 요인들도 이에 영향을 미치게 된다. 이러한 과정은 청소년 시기에 끝나는 것이 아니라 평생 동안 겪게 되는 개인의 여러 경험을 통해 계속적으로 발달해 가는 것이다.

넷째, 개인은 자신의 □□ 와 □□ 를 표현할 수 있고, 기술과 능력을 시험해 볼 수 있으며, 문제와 역할을 수용할 수 있게끔 해 주는, 즉 자신에게 적합한 환경을 찾는 경향이 있다. 가령 인간관계가 가장 중요시되는 사회적 환경에서는 실재적 성격특성을 갖는 사람이 적응하기가 어려울 것이다.

2) Holland 6각 모형(RIASEC 모형) 세부 내용

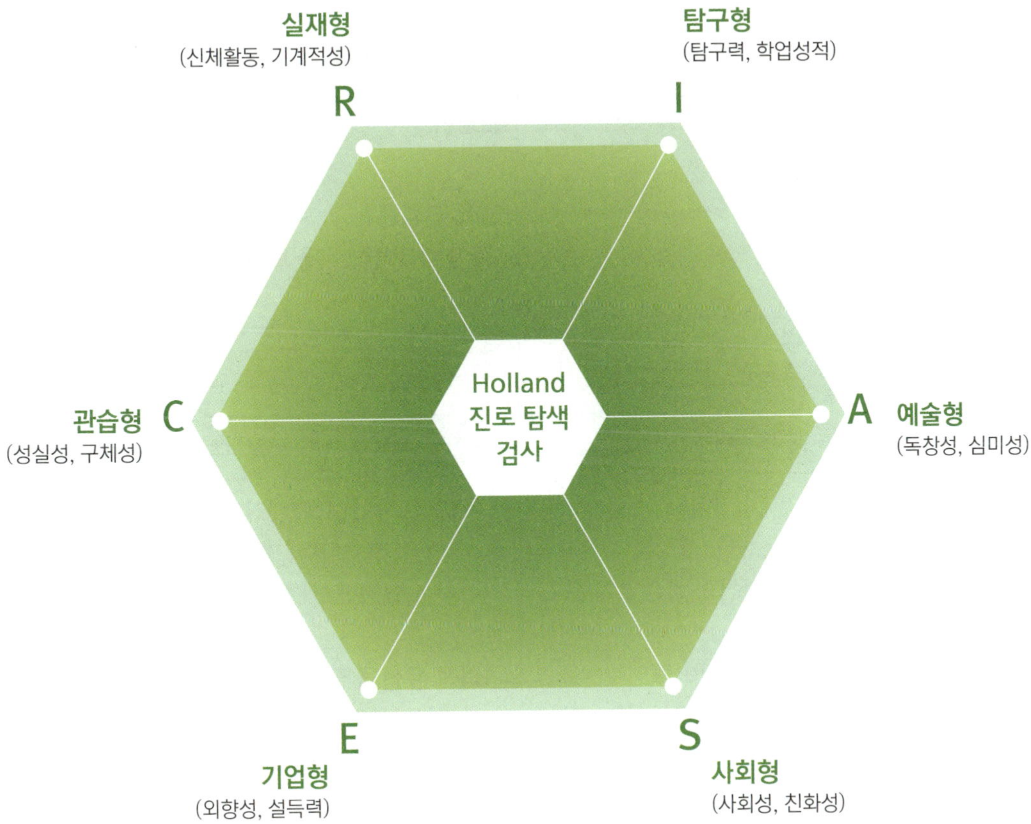

실재적 유형(Realistic Type)	탐구적 유형(Investigative Type)
엔지니어, 기술자, 정비사, 전기기사, 농부, 기술공 같은 직업을 선호한다. 기계적 능력은 뛰어난 반면, 사회적 기술은 부족하다. 실재적 유형을 잘 설명하는 단어들 남성적, 솔직하고 성실한, 검소한, 건강한, 말이 적은, 소박한, 구체적인, 실리적인, 냉정한, 비사교적인, 순응적인, 직선적인, 단순한, 순수한, 끈덕진, 통찰력이 없는 대표 특징은? **"사물을 잘 다루는"** 실재형의 대표적 직업:	생물학자, 물리학자, 화학자, 인류학자, 지질학자, 의사, 교수, 연구원 같은 직업을 선호한다. 수학적/과학적 능력은 우수하지만 리더십은 부족하다. 탐구적 유형을 잘 설명하는 단어들 논리적이고 분석적인, 합리적인, 탐구심이 많은, 지적 호기심이 많은, 정확한, 학구적인, 나서지 않는, 소극적인, 비판적인, 내성적인, 인기가 없는, 수줍어하는, 조심하는, 복잡한, 지적인 대표 특징은? **"깊이 생각하는 것을 좋아하는"** 탐구형의 대표적 직업:

사회적 유형(Social Type)	기업적 유형(Enterprising Type)
교사, 상담가, 종교인, 임상치료가, 언어치료사 등과 같은 직업을 선호한다. 사회적인 기술과 재능은 있지만 기계적/과학적 능력은 부족하다. 사회적 유형을 잘 설명하는 단어들 사람을 좋아하는, 어울리기 좋아하는, 친절한, 배려심 있는, 우호적인, 외향적인, 관대한, 따뜻한, 협동적인, 재치있는, 봉사적인, 열성적인, 책임이 있는, 이해하는, 도움이 되는 대표 특징은? **"다른 사람을 돕기 좋아하는"** 사회형의 대표적 직업:	관리인, 사업가, 판매인, PD, 바이어 등과 같은 직업을 선호한다. 언어구사력이 뛰어나고 리더십이 있지만, 과학적 능력은 부족하다. 기업적 유형을 잘 설명하는 단어들 지배적인, 지도력이 있는, 말을 잘 하는, 설득적인, 쟁취하는, 과시적인, 활기찬, 자신감 있는, 외향적인, 모험적인, 사교적인, 야심 있는, 낙관적인, 열성적인, 쾌락추구의 대표 특징은? **"리더십과 설득력이 있는"** 기업형의 대표적 직업:

예술적 유형(Artistic Type)	관습적 유형(Conventional Type)
작곡가, 음악가, 무대감독, 작가, 배우 등과 같은 직업을 선호한다. 예술적 능력은 뛰어나지만 사무적인 능력은 부족하다. 예술적 유형을 잘 설명하는 단어들 상상력이 풍부한, 감수성이 강한, 자유분방한, 개방적인, 직관적인, 순응하지 않는, 즉흥적인, 감정이 풍부한, 협동적이지 않은, 무질서한, 상상력이 있는, 민감한 대표 특징은? **"예술적 표현력이 뛰어난"** 예술형의 대표적 직업:	은행원, 경제분석가, 세무사, 공인회계사, 편집자 등과 같은 직업을 선호한다. 사무적인 능력은 뛰어나지만 예술적 능력은 부족하다. 관습적 유형을 잘 설명하는 단어들 정확한, 빈틈이 없는, 조심성이 있는, 계획성이 있는, 관습적인, 보수적인, 순응적인, 사무적인, 검소한, 질서정연한, 상상력이 없는, 책임감이 강한, 완고한, 효율적인, 주의 깊은 대표 특징은? **"꼼꼼하고 철저한"** 관습형의 대표적 직업:

✿ Holland의 6각 모형에 포함되는 각 유형의 사람들은 상대적으로 잘할 수 있는 일과 어려워하는 일이 서로 다르다. 서로의 유형에 대해 논의해서 다음 내용을 채워 보자.

	가장 잘할 것 같은 일	가장 어려워할 것 같은 일
실재형 R		
탐구형 I		
사회형 S		
기업형 E		
예술형 A		
관습형 C		

나의 Holland 진로유형 코드는? 가장 점수가 높게 나온 2개만 적기!

점수:	점수:

나의 직업적 성격 특성은? 대표적인 것만 간단하게 적기!

7 A-VIP 정리하기

이제까지 논의하고 생각한 내용을 아래 표에 정리해 보자.

적성(A) 내가 잘할 수 있는 것은?	나의 강점은?
가치관(V) 내가 중요하다고 생각하는 것은?	나의 가치관은?
흥미(I) 내가 좋아하는 것은?	나의 흥미는?
검사 결과(P)	흥미 유형은?

8 관련 직업 찾아보기

자신의 특성과 관련된 직업을 찾아 써 보자. 잘 떠오르지 않는 경우 주변 사람들과 논의해서 찾아보자.

적성(A) 내가 잘할 수 있는 것은?	관련 직업
가치관(V) 내가 중요하다고 생각하는 것은?	관련 직업
흥미(I) 내가 좋아하는 것은?	관련 직업
검사 결과(P)	관련 직업

적용 과제

✿ 진로와 관련된 자기이해 모형인 A-VIP를 통해 확인한 내용을 보완하고 관련 직업을 더 찾아보자. 직업에 대한 구체적인 정보를 정리해 보자.

제3장

단기목표 설정

목표 설정기술과
학점 목표 세우기

지난 시간 내용 정리

- 자신의 직업적 흥미는 무엇인가?

- 자신이 생각하는 적성과 강점은 무엇인가?

- 자신의 가치관은 무엇인가?

- 진로와 관련된 자기이해 모형인 A-VIP를 통해 확인한 내용을 보완하고 관련 직업을 찾아보았다. 어떤 직업들이 있었는지 서로 소개해 보자. 그리고 이 작업에서 느낀 바가 있다면 함께 나누어 보자.

내가 찾은 직업	찾은 내용 및 느낀 점

토론 자료

마음의 벽을 뛰어넘어 만들어 낸 육상 신기록

1950년대까지 육상선수들에게 있어 1마일(1.609km)을 4분 안에 주파하는 것은 불가능한 일로 여겨졌다. 300년에 가까운 근대 육상운동의 역사 가운데 많은 선수들이 4분의 기록을 깨기 위해 도전했지만, 아무도 이룰 수가 없었기 때문이다. 그래서 1마일 4분이라는 기록은 인간 한계의 상징이며, 선수들에게는 결코 깨뜨릴 수 없는 심리적, 육체적 장벽으로 여겨졌다. 심지어 어떤 과학자는 인간이 신체의 한계인 4분의 벽을 뛰어넘게 되면 죽게 될 것이라고 말하기도 했다.

하지만, 1954년 5월 6일 영국의 로저 베니스터라는 선수가 3분 59초 6의 기록으로 마의 4분이라는 한계의 벽을 넘어서게 되었다. 불가능하다고 생각되던 것이 일단 가능하게 되자 4분이라는 '한계'는 더 이상 육상 선수들에게 불가능이 아니었고 '도전'으로 바뀌게 되었다. 이 최초의 기록이 깨지고 1년이 지나지 않아 무려 37명의 선수들이 1마일 4분의 벽을 돌파했고, 그 다음 해에는 300명이 넘는 선수들이 4분의 기록을 뛰어넘었다. 현재 1마일 세계 신기록은 모로코의 히참 엘 구레로가 1999년에 세운 3분 43초로 이제는 3분 30초를 깨기 위한 새로운 도전이 이루어지고 있다고 한다.

20세기 스포츠 역사에서 가장 빛나는 기록 중 하나였던 이 사건이 우리에게 주는 교훈은 무엇일까? '할 수 있다는 믿음은 불가능을 이기게 한다!'는 식의 구호일까? 하지만, 그저 할 수 있다는 생각만으로는 아무것도 이룰 수 없다. 최초로 4분 벽을 깼던 로저 베니스터란 선수는 4분의 벽을 목표로 잡고 2년 동안 치밀한 계획하에 마치 묵묵히 고행길을 걷는 수도자처럼 하루도 빠짐없이 똑같은 훈련을 거르지 않았다고 한다.

할 수 있다는 믿음은 목표를 성취하기 위한 '필요조건'임에 틀림없지만, 그것을 실제로 가능하게 만드는 치밀한 노력과 실천이라는 '충분조건'이 뒤따르지 않으면 이 믿음은 불가능의 벽을 높이는 공허한 구호로 끝나게 된다. 한계란 우리 마음속에 있는 벽에 지나지 않는다. 먼저 그 마음의 벽을 무너뜨리고, 이미 그 벽을 넘은 사람처럼 꾸준한 노력을 기울일 때 꿈은 내 것이 된다.

토론하기

자신이 알고 있는 예 중에서 거의 불가능할 정도로 어렵다고 알려진 일들이 실제로 성취되고 이루어진 예를 찾아 논의해 보자. 그 성공 과정에 대해 설명하면 더 도움이 된다.

목표의식 체크리스트

문항	✓
1. 1년 후, 5년 후의 내 모습에 대한 구체적인 그림이 있다.	
2. 공부해야 할 분명한 목표가 있다.	
3. 목표는 나에게 정말 중요하다.	
4. 나는 무슨 일을 하기 전, 목표를 세우는 편이다.	
5. 힘들더라도 목표를 이루기 위해 참고 공부한다.	
6. 여러 가지 일을 해야 할 때는 일의 순서를 정한 다음에 시작한다.	
7. 즐기고 싶은 일이 있을 때도, 우선 목표로 한 일을 끝내놓고 나서 하는 편이다.	
8. 목표를 이루기 위해 오늘 해야 할 일이 무엇인지 잘 알고 있다.	
총 개수:	

논의: 체크리스트를 통해 확인한 자신의 강점과 약점은?

1 진로의사 결정하기

step 1. '고려할 점' 칸에 적혀 있는 각각의 항목들의 중요도를 결정한다.

중요도 점수는 1~3점 사이에서 결정한다.

1: 약간 중요/ 2: 중요한 편/ 3: 매우 중요

step 2. 가능한 직업 칸에 앞에서 찾은 직업들 중 가장 공통된 직업 혹은 본인의 희망과 가장 잘 맞는 직업 3가지를 적는다.

step 3. 가능한 직업들의 적합한 정도(적합도)를 표시한다(−2, −1, 0, 1, 2)

−2: 전혀 적합하지 않다 / −1: 맞지 않는 편이다 / 0: 별 관계없다 /

1: 적합한 편이다 / 2: 매우 적합하다

step 4. 가능한 직업에 적은 적합도 점수와 고려할 점의 중요도의 값을 곱해서 모두 합산한다.

고려할 점	중요도	가능한 직업 ❶				가능한 직업 ❷				가능한 직업 ❸			
			적합도		점수		적합도		점수		적합도		점수
나의 흥미	의 중요도는? ( )	×	-2 -1 0 1 2	=		×	-2 -1 0 1 2	=		×	-2 -1 0 1 2	=	
나의 적성	의 중요도는? ( )	×	-2 -1 0 1 2	=		×	-2 -1 0 1 2	=		×	-2 -1 0 1 2	=	
나의 가치관	의 중요도는? ( )	×	-2 -1 0 1 2	=		×	-2 -1 0 1 2	=		×	-2 -1 0 1 2	=	
부모님의 견해	의 중요도는? ( )	×	-2 -1 0 1 2	=		×	-2 -1 0 1 2	=		×	-2 -1 0 1 2	=	
검사 결과	의 중요도는? ( )	×	-2 -1 0 1 2	=		×	-2 -1 0 1 2	=		×	-2 -1 0 1 2	=	
합													

나에게 가장 적합한 진로목표는?

2 결정된 목표에 대한 정보 찾아 정리하기

(참고: 워크넷 직업검색 활용)

목표 직업	
하는 일	
되는 길	
관련 학과 및 자격증	
임금/전망	
필요한 능력/지식	
업무환경	
필요한 성격/흥미/가치관	

3 목표란?

目標 = 자신이 □□ 하려고 노력하는 구체적인 □□

- 목표 관련 실험 예

✿ 목표가 있는 사람들이 목표가 없는 사람들보다 일을 더 잘하게 마련이다. 그리고 같은 사람도 목표가 있을 때에 목표가 없을 때보다 일을 더 잘할 수 있다. 다음 실험을 통해 확인해 보자.

자, 지금부터 2분 동안 윗몸 일으키기를 한다. 몇 개쯤 할 수 있을까?

체력조건이 비슷한 A, B반 학생들을 대상으로 윗몸 일으키기를 하도록 하였다. A반 학생들에게는 자신들이 2분 동안 얼마나 많은 윗몸 일으키기를 할 것인가에 대한 목표를 세우도록 했고, B반 학생들에게는 미리 정한 목표 없이 윗몸 일으키기를 하도록 했다. 누가 더 많이 했을지, **그 이유는 무엇일지** 생각하고 논의해 보자.

4 이루어지는 '제대로 된' 목표의 네 가지 조건

현(現)행(行)시(時)측(測)

목표가 있다고 해서 그것이 모두 이루어지는 것은 아니다. 같은 목표를 가지고 있다 하더라도 그것을 이루는 사람과 그렇지 못한 사람이 있다. 실천할 수 있고 이룰 수 있는 목표는 다음과 같은 특징을 가지고 있다. 따라서 목표를 세울 때에는 항상 다음 사항을 명심해야 한다.

1) 현재 주어진 능력으로 이룰 수 있는 '현◯◯◯' 목표

2) 당장 실천할 수 있는 '행◯'으로 바꿀 수 있다

3) 언제까지 이룰 것인지 '시◯'을 정한다

4) 목표가 제대로 이루어지는지 '측◯' 할 수 있다

5 적용연습

앞에서 배운 구체적인 목표 세우기의 원칙을 연습해 보자. 다음과 같은 다소 애매모호한 목표를 '현행시측'하게 변화시켜 보자.

• 살을 빼자.

현 :

행 :

시 :

측 :

하나의 문장으로 이어 보자.

• 대인관계를 더 넓히고 싶다.

현 :

행 :

시 :

측 :

하나의 문장으로 이어 보자.

6 성적 목표 세우기

1) 현실적인 목표: 현실적으로 이룰 수 있는 정도의 수준인가?

높이 점프하려면 발밑의 땅을 힘껏 디뎌야 한다. 만일 발밑에 무엇이 있는지 알지 못한다면 점프는커녕, 그 자리에서 넘어질 수도 있다. 지금 내가 서 있는 곳은 어디인지, 현재 어디까지 와 있는지 먼저 정리해 본다.

이전 학기 평점		목표 성적
(　　　)점	➡	(　　　)점

• 이렇게 목표를 정한 이유에 대해서도 생각해 보자.

달성 가능성은?	내가 성적 목표를 이렇게 잡은 이유는...
(　　　)%	

• 한 번 더 생각해 보자! 지금의 목표가 구체적이고 좋은 목표의 기준에 맞는지, 만일 아니라면 성적 목표를 다시 한 번 수정해 본다.

2) 행동적인: 목표를 이루기 위해 어떤 행동이 필요할까?

(1) 행동의 목표 정하기

목표 성적을 정했으면 이번에는 그 목표를 이루는 데 특별히 치중해야 할 과목을 정해 보자. 그러한 과목은 대체로 어렵고 취약하기 마련이다. 평균 학점을 올리기 위해서는 평소에 그러한 과목들을 미리 결정해서 준비해야 한다.

목표(취약)과목	잘하지 못한 이유
❶	
❷	
❸	

(2) 어떻게 행동할지 구체적으로!

자신이 부족한 과목을 미리 보완할 수 있는 방법에는 어떤 것들이 있을지 찾아보자.

목표과목	평소에 할 수 있는 공부 방법
❶	복습 +
❷	복습 +
❸	복습 +

3) 마감시간: 언제까지 끝내야 하는가?

일을 시작하기 전, 스스로 '마감시간'을 설정하는 것은 적당한 긴장감을 주어 목표달성에 전념하도록 도와준다. 반대로 마감시간을 정하지 않고 일을 시작하면 대체로 미루거나 나태해지기 쉽다. 자신이 정한 목표의 마감시간을 정해 보자.

이 정도 마감시간이 내 목표달성에 적당한 근거는 무엇인가?

4) 목표 측정하기: 목표의 수행 여부를 객관적으로 측정할 수 있는 방법은?

목표달성을 위해 지속적으로 노력하려면 반드시 자신의 수행 여부를 측정하고 판단할 수 있는 명확한 기준이 필요하다.

(1) 결과 측정하기

목표과목	목표 학점

(2) 과정 측정하기

✿ 목표과목이 점차 향상되고 있는지 그 과정을 측정할 수 있는 방법을 생각해 보자.

목표과목	향상 여부의 측정 방법

7 목표 정리하기

앞 시간부터 우리는 목표에 대해 생각하고 정리하였다. 아래의 표에 목표를 달성하기 위한 중간목표, 단기목표를 정리해 보자. 몇 살쯤 그 직업을 갖고 싶은지, 필요한 자격증 시험이나 도움이 되는 경력활동은 언제쯤 준비할 것인지, 현재 대학에서 어떤 준비를 할 수 있을지 등을 구체적으로 계획해 본다.

	예상 나이	계획 내용
직업 목표		
중간목표 (향후 2~3년간 준비해야 할 자격이나 스펙)		
단기목표 (현재 당면 과제, 학점목표)		

8 목표달성에 대한 이미지 트레이닝

현재로부터 15년 후 2__ __ __년 __월 __일 나는 어디에서 무엇을 하고 있을지(싶은지) 바라는 대로 상상해 보자.

15년 후에 나는...

1) 몇 살?

2) 어디서?

3) 무엇을 하고 있을까?

4) 이상적인 자신의 모습은?

적용 과제

타임캡슐 만들기

✿ 자신이 사용하는 메일 사이트에 들어가서 예약메일로 최대 일정을 기록해서 보내 보자.

(참고: DAUM의 경우 '예약발송' 옵션을 선택하면 최대 2년까지 설정이 가능함)

제4장

시간관리의 원칙

우선순위와 파레토 법칙의 이해와 적용

지난 시간 내용 정리

- 목표가 중요한 이유는 무엇인가?

- 최종적으로 결정된 자신의 진로목표는 무엇인가?

- 제대로 된 목표의 조건 4가지는 무엇인가?

- 지난 시간에는 자신의 목표를 구체적으로 결정하고 인생 계획을 세워 보았다. 또한 자신의 꿈과 다짐에 대해 '타임캡슐'을 보냈다. 자신이 보낸 타임캡슐의 시점과 내용에 대해 함께 공유해 보자. 그리고 다시 한 번 그것을 이루기 위한 노력을 다짐해 보자.

토론 자료

항아리에 채울 수 있는 것들

한 시간관리 전문가가 강연 도중 커다란 항아리를 하나 책상 위에 올려놓았다. 그리고 주먹만 한 돌을 꺼내 항아리 속에 하나씩 넣더니, 돌이 가득 차자 사람들에게 물었다. "이 항아리가 가득 찼습니까?" 강연을 듣던 사람들은 일제히 '예.'라고 대답했다. 그러자 조그만 자갈을 항아리에 넣고 흔들어 돌 사이의 빈틈을 매웠다. 그리고 다시 물었다. "이 항아리가 가득 찼습니까?" 머쓱해진 사람들은 '글쎄요.'라고 대답했다. 또다시 전문가는 모래를 꺼내 항아리 속 빈틈을 가득 채웠고, "이 항아리가 가득 찼습니까?"라고 물었다. 그러자 사람들은 '아니요.'라고 대답했다. 전문가는 "그렇습니다." 라고 말하면서 주전자에 있는 물을 항아리에 부었다.

그런 다음, "방금 보여 드렸던 것에서 우리가 배워야 할 점은 무엇일까요?"라는 질문을 던졌다. 사람들은 '스케줄이 빡빡해도 노력하면 새로운 일을 할 수 있는 틈이 있다.'라는 식의 대답을 했다. 그러자 전문가는, "아닙니다. 여기서 배울 점은 큰 돌부터 넣지 않는다면, 이 모든 것을 항아리에 넣을 수 없다는 것입니다."라고 응답했다.

이 일화는 시간관리를 설명하는 대표적인 내용으로, 우선순위를 계획하는 것이 매우 중요하다는 것을 알게 해 준다. 우리의 인생에서 큰 돌멩이는 무엇일까? 항아리에 큰 돌부터 넣는다면 자갈, 모래, 물을 차례대로 모두 넣을 수 있지만, 물과 모래부터 넣는다면 정작 넣고 싶은 큰 돌은 하나도 넣지 못하게 된다. 시간도 마찬가지이다. 누구에게나 하루는 24시간이다. 제한된 시간 동안 큰 돌멩이, 자갈, 모래, 물과 같은 활동을 모두 하려면, 반드시 우선순위에 따른 계획이 필요하다.

나는 지금 내 인생의 항아리에 무엇을 채우고 있을까? 그다음에 들어갈 것이 무엇인지 알고 있는가?

토론하기

인생의 항아리에 가치 있는 것을 가득 채우고 싶다면 현재의 삶에서 가장 먼저 투입해야 할 것은 무엇인가? 왜 그렇다고 생각하는가?

우선순위 체크리스트

다음은 우선순위에 따라 시간을 얼마나 잘 관리하고 있는지에 대해 알아보는 문항들이다. 각 문항을 읽고 자신에게 해당되는 곳에 ✓ 표시해 보자.

문항	✓
1. 여러 가지 일을 해야 할 때에는 일의 순서를 정하고 난 다음에 시작한다.	
2. 숙제나 시험공부는 미루지 않고 제때 처리한다.	
3. 과목별로 미리 시간 분배를 해서 공부한다.	
4. 어떤 일을 할 때 그것이 내게 가치 있는 일인가를 생각해 본다.	
5. 내가 하는 일의 중요성에 따라 우선순위를 매길 수 있다.	
6. 시간이 남을 때 무엇을 해야 할지 알고 있다.	
7. 매일 공부에 우선순위를 두고 행동한다.	
8. 시험준비를 할 때 미리 계획을 세운다.	
9. 다른 일이 생겨도 계획한 공부를 먼저 실천한다.	
10. 마음이 내키지 않을지라도 계획한 공부를 먼저 한다.	
합	점

2점 이하	우선순위 관리가 전혀 안 되고 있음
3 ~ 5점	알지만 실천하지 못하는 부분이 있음
6 ~ 8점	비교적 성실하게 일의 순서를 지키는 편
9점 이상	미루는 일 없이 계획적인 생활을 하고 있음

체크리스트

논의: 체크리스트를 통해 확인한 자신의 강점과 약점은?

1 평소의 우선순위 점검하기

1) 어제 했던 일 목록 작성하기

어제 했던 일의 목록을 만들어 보자. 실제 했던 일이면 무엇이든 떠오르는 대로 기록하면 된다. 공부는 물론이고 공부와 관련이 없어도 어떤 것이든 상관없다. 예를 들어, 학교에서 배운 전공 수업 복습하기, 중간/기말고사 준비, 과제 작성하기, 컴퓨터 게임 하기, TV 보기, 운동하기 등 여러 가지가 있을 수 있다. 오른쪽 두 칸은 일단 비워 둔다.

어제 했던 일들	중요도(1~3점)	순서

2) 중요도와 우선순위 평가하기

(1) 앞에서 작성한 목록을 보면서 어제 했던 일들의 중요도에 따라 오른쪽 칸에 점수를 매긴다.

매우 중요한 일	3점
중요한 일	2점
약간 중요한 일	1점

(2) 중요도에 따라 점수를 부여했다면, 해야 할 일 목록 중 어떤 일부터 하는 것이 좋을지 생각해 보고 제일 오른쪽 칸에 순위를 매긴다.

일의 순서에 따라 중요도 점수가 몇 점인지 맞추어 보며 확인해 보자.
1순위에 해당하는 일은 몇 점인가? ( ) 점

시간관리의 기본은 할 일의 목록을 짜서 하루가 시작될 때 우선순위에 따라 그 일들을 실천해 가는 것이다. 이러한 할 일 목록(to-do list)만으로도 우리는 무엇을 해야 할지 주저하는 시간도 줄일 수 있고, 자신이 하고 있는 일에 대한 집중력도 높일 수 있다.

2 중요한 일을 먼저 처리했을 때의 결과와 경험

우선순위를 따라 일을 할 때와 우선순위를 따르지 않고 일을 할 때의 결과는 어떻게 다를까? 각자의 생각을 적은 후, 다른 사람들과 토의해 보자.

우선순위를 따라 일을 할 때의 결과	우선순위를 따르지 않고 일을 할 때의 결과

3 우선순위를 결정하는 방법(1) - 중요도

우선순위를 결정하는 것은 결코 쉬운 일이 아니다. 특히, 시간이 없고 할 일이 많을 때(예를 들어, 시험 기간)는 더더욱 혼란스럽고 어려울 수 있다.

우선순위를 결정하려면 크게 두 가지 기준이 필요하다. 첫 번째는 일의 중요도이고 두 번째는 일의 긴급도이다. 우리가 하는 일은 중요도와 긴급도에 따라 네 가지로 구분할 수 있다.

1) 중요한 일의 기준

일의 중요도는 자신의 □□ 에 따라 결정된다. 만약 내가 세운 목표가 '국어 점수를 10점 향상시키자.'라면 그 □□ 와 관련된 일이 바로 중요한 일이 되고 □□ 와 별로 관련 없는 TV 보기는 중요하지 않은 일이 된다.

2) 아래 표에 자신의 목표를 다시 정리하라.

장기적인 목표(인생목표, 진로목표)	단기적인 목표(성적목표, 이번 주 과제목표)

3) 이번 주에 했던 일을 떠오르는 대로 적어 보자. 그리고 앞 페이지에서 기록한 목표와의 관련성에 점수를 매겨 보자.

0 : 목표와 아무 관련 없음 / 1: 목표와 약간의 관련성이 있음 / 2: 목표와 관련성이 높음

이번 주에 했던 일들	중요도 점수		
	0	1	2
	0	1	2
	0	1	2
	0	1	2
	0	1	2
	0	1	2
	0	1	2
	0	1	2

4 우선순위를 결정하는 방법(2) – 긴급도

급한 일의 기준은 그 일을 반드시 끝마쳐야 하는 시간, 즉 □□□□이 얼마나 멀고 가까운지의 여부로 결정할 수 있다. 가령 내일까지 해야 하는 과제가 있다면 그것은 급한 일에 해당되는 것이고, 한 학기 후에 봐야 할 영어 시험은 시간상 덜 급한 일로 나눌 수 있다.

1) 앞으로 한 달 안에 해야 할 일들을 떠오르는 대로 적어 보자. 그리고 긴급도의 정도를 표시해 보자.

0 : 급할 것 없지만 언젠가 해야 할 일 / 1: 곧 처리해야 할 일 / 2: 바로 눈앞에 닥친 일

앞으로 해야 할 일들	긴급도 점수		
	0	1	2
	0	1	2
	0	1	2
	0	1	2
	0	1	2
	0	1	2
	0	1	2
	0	1	2

5 우선순위 결정표의 이해와 적용

1) 중요도와 긴급도에 따라 다음과 같이 해야 할 일들을 나누어 볼 수 있다.

← 중요한 정도

↑ 급한 정도

중요하고 급한 일	중요하지 않고 급한 일
- 시험, 숙제와 같이 당장 해야 할 일	- 급하게 느껴지지만 목표와 관련성은 낮은 일들
중요하고 덜 급한 일	**중요하지도 않고 급하지도 않은 일**
- 장기적 계획이 요구되는 일들	- 하지 않아도 우리 삶에 별다른 영향을 주지 않는 일들

해야 할 일들을 표의 네 칸에 나누어 적어 보면 순서를 정하는 것은 아주 쉬워진다. 가장 먼저 해야 할 일, 즉 1순위의 일은 '중요하고 급한 일'이 되는 것이고, 2순위의 일은 '중요하지만 덜 급한 일', 그리고 3순위는 '중요하지 않지만 급한 일'이 되는 것이다. 마지막 4순위는 당연히 '중요하지도 급하지도 않은 일' 이 된다.

2) 우선순위를 세우는 방법을 아래 표에 연습해 보자.

✿ 목표를 '다음 학기 학점 올리기'로 했을 때 할 일들을 우선순위에 맞추어 적어 보자.

〈다음 주 할 일들〉

• 동아리 뒷풀이	• 내일까지 내야 하는 학교 숙제
• 조별과제 준비	• 전공 과목 노트 정리하기
• 컴퓨터 게임	• 빈둥거리기
• 시험 준비	• 영어 단어 외우기
• 낮잠	• 데이트하기
• 친구 카톡에 답장하기	• 운동하기
• 오늘 밤에 하는 TV 드라마 보기	• 씻기

← 중요한 정도

↑ 급한 정도

중요하고 급한 일	중요하지 않고 급한 일
중요하고 덜 급한 일	중요하지도 않고 급하지도 않은 일

3) 우선순위에 따른 일 처리 원칙

✿ 우선순위별로 어떻게 일을 처리해야 하는지 원칙을 정리해 보자.

← 중요한 정도

↑ 급한 정도

중요하고 급한 일	중요하지 않고 급한 일
중요하고 덜 급한 일	중요하지도 않고 급하지도 않은 일

4) 다음 주 해야 할 일에 대한 자신의 우선순위를 정해 보자.

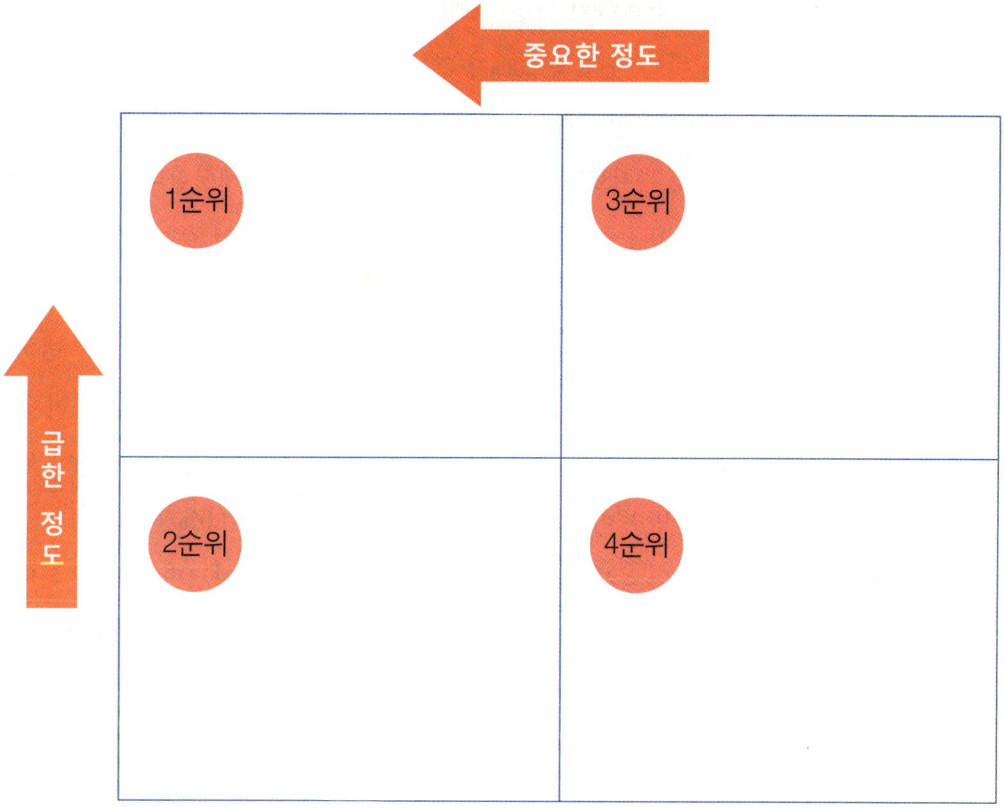

6 파레토 법칙의 이해

"국내 총생산의 80%는 인구의 20%가 만들어 낸다."

"내가 받는 전화의 80%는 아는 사람 중 20%가 거는 것이다."

"어떤 회사의 총수익은 제품의 20%에서 발생한다."

"내가 주로 접속하는 인터넷 사이트는 알고 있는 사이트의 20%에 해당한다."

"나에게 가장 중요한 일의 80%는 하루 중 20%의 시간 동안에 이루어진다."

파레토 법칙은 이탈리아의 유명한 경제학자이자 사회학자인 파레토의 이름을 딴 법칙이다. 파레토는 전체 인구의 비중과 그들이 소유하고 있는 부의 정도 사이에 어떤 규칙이 있음을 발견했다. 대략 전체 인구의 20%가 전체 부의 80%를 차지하고 있다는 것인데, 이러한 원리를 '파레토 법칙' 혹은 '20/80 법칙'이라고 부른다. 즉, □□의 80%가 □□의 20%에서 일어나며 적은 비율의 노력과 원인이 큰 비율의 결과로 나타난다는 것을 의미한다. 이 법칙은 경제 현상뿐만 아니라 다른 많은 현상에도 동일하게 나타나며 시간관리에도 적용할 수 있다.

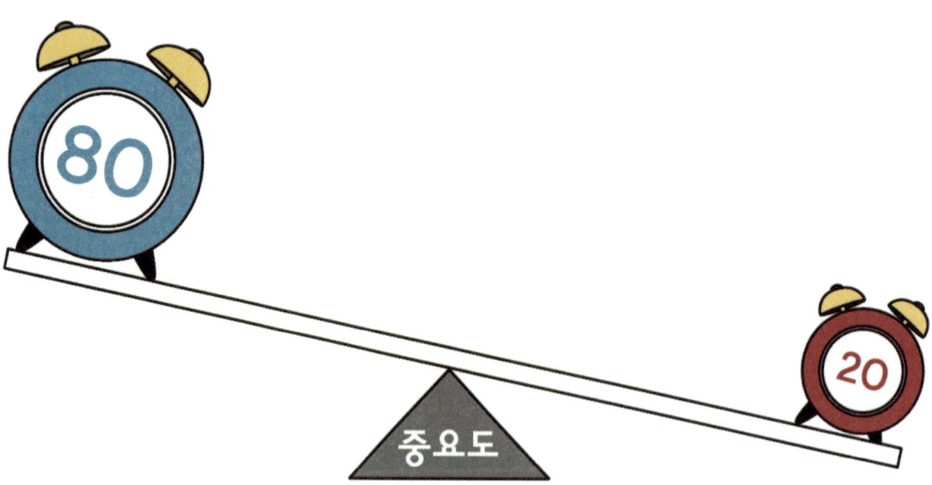

1) 파레토 법칙이 중요한 이유

파레토 법칙처럼 사람들이 항상 중요한 일에 매달려 사는 것 같지만, 정작 자신의 목표를 이루는 데 필요한 일을 하는 시간은 생각보다 많지 않다는 것에 주목할 필요가 있다. 누구에게나 하루 24시간이 주어지는 것 같지만, 그 시간의 1/3가량은 잠을 자야 하고 또 나머지 1/3은 학교 수업, 동아리 활동과 같이 '이미 짜여진 일'로 차 있기 때문에 내가 세운 계획을 실천할 수 있는 시간은 그리 많지 않다.

그나마 남아 있는 1/3의 시간을 헛되이 보내고 있다면 정말 안타까운 일이 아닐 수 없다. '파레토 법칙'을 시간관리에 적용해 보면, 자신에게 가장 소중한 시간이 언제인지 알고 그 시간을 최대한 아껴서 사용하기 위한 노력이 필요하다는 것을 배울 수가 있다. 즉, 파레토 법칙은 내가 해야 할 일들에 대해 □□□□를 정할 때 취할 수 있는 좋은 원칙이 된다.

만약 내 20%의 시간 및 행동이 80%의 성과를 가져다준다면 나머지 80%는 모두 합쳐 20%밖에 영향을 미치지 못한다는 것이다. 그러나 반대로 생각해 보면, 하루 중 20%만 제대로 활용해도 목표를 이룰 수 있다는 것이다. 그렇다면 어떤 행동들이 나에게 가장 큰 성과를 가져다줄까? 내가 해야 할 일들 중에서 그러한 것을 구별할 수 있다면 이제부터는 가장 중요한 20%에 정신력과 에너지를 집중할 수 있게 되고 오히려 시간을 여유롭게 쓰면서 성과를 올릴 수 있게 된다.

7 파레토 법칙의 적용

앞에서 정리했던 우선순위 칸의 1순위에 있는 일들을 하기 위해 하루 중 얼마 정도의 시간을 써야 할까?

파레토 법칙에 따라 생각해 보고 정리해 보자.

• 나에게 실질적인 성과를 안겨 주는 20%의 시간은 무엇인가?

8 학습에서의 파레토 법칙

다음의 글을 읽고 실제 수업 중에서 파레토 법칙이 적용 가능한 내용이 무엇인지 찾아보자.

파레토 법칙에 근거하여 성공적인 삶을 살고 있는 리차드 코치(Richard Koch)가 신입생일 때, 지도교수는 학생들에게 이렇게 말했다고 한다.

"재미삼아 읽을 때 말고는 절대로 책을 처음부터 끝까지 읽지 마라. 공부하기 위해서 책을 읽을 때는 처음부터 끝까지 읽지 말고 먼저 그 책이 무엇을 전달하는지 요점부터 파악해라. 그러니 결론을 먼저 읽고 나중에 서론을 보고 다시 결론을 본 후에 다시 관심 있는 부분을 봐라."

교수는 책 한 권에서 찾을 수 있는 가치의 80%는 그 책의 20% 정도의 페이지에 있다고 학생들에게 가르쳤다. 그는 지도교수의 이러한 조언을 참작해서 과거의 시험지들을 분석했다. 그 결과 놀랍게도 시험문제의 80%, 심지어는 거의 100%가 해당과목의 핵심적인 지식 20%만 알면 풀 수 있다는 사실을 확인했다. 시험출제위원들의 입장에서 보면 중요하지 않은 문제를 출제할 이유가 없으며 제한된 시간 내에 풀어야 하는 시험문제를 전 분야에서 같은 비중으로 출제하기도 어렵기 때문에 결국 꼭 알아야 할 내용을 중심으로 출제하기 마련인 것이다. 이 점을 파악해서 그는 학습 효율을 획기적으로 높일 수 있었다고 한다. 결국 그는 필사적으로 공부하는 다른 동료들보다 훨씬 좋은 성적을 받아 최상급의 학점으로 졸업을 하게 되었다.

중요한 것은 그 20%가 무엇인지를 아는 것이다. 투자한 시간과 노력의 20%가 80%의 결과를 낳는다는 것이 현실이라면 고작 20%의 결과밖에 만들어 내지 못하는 나머지 80%의 노력은 매우 비생산적이라는 점을 생각해 봐야 한다. 지금까지의 노력에 비해 성과가 없었다고 생각한다면 무조건 열심히 하기보다는 효율적인 방법을 찾아야 한다. 투자한 시간과 노력에 비해 상대적으로 높은 성과를 얻었던 과거 경험들을 확인해 보고 최고의 주의집중을 할 수 있는 시간대, 방해받지 않고 몰두할 수 있는 장소, 함께 있을 때 가장 도움이 되는 친구를 파악해서 그것을 이용해야 한다. 그리고 생산성이 낮은 공부습관, 방해가 되는 활동들은 과감하게 제거하도록 노력한다.

참고로 기업에서도 파레토 법칙은 유용하게 쓰인다. 미국에서는 80/20 원칙이 한동안 인정을 받지 못했다고 한다. 그러나 일본에서는 재빠르게 이를 터득하여 핵심적인 소수, 즉, 20%에 집중하여 생산성과 효율성을 높였고, 결국 일본은 미국의 자동차 시장에 재빠르게 파고들 수 있었다.

IBM에서도 80%의 컴퓨터 사용시간 중 20%의 프로그램 코드가 가장 많이 사용되는 것을 발견하였다. 이 20% 프로그램 코드에 집중하여 이들이 더 빨리 안정적으로 실행될 수 있도록 연구 개발하였고, 그 결과는 대성공이었다.

빌 게이츠의 마이크로소프트는 대단히 적극적으로 80/20 원칙을 사업에 적용하고 있다. 이제는 미국 최고의 기업들은 80/20 원칙을 그들의 사업에 있어서 필수적인 것으로 인식하고 있다고 한다.

– 리차드 코치, 『80/20원칙: 적은 노력으로 많은 일을 해낼 수 있다』 중에서

적용 과제

우선순위에 맞추어 목표과목 공부하기

이번 시간의 과제는 자신에게 중요한 과제나 과목 3개를 정해서 내 나름대로의 방법으로 일주일간 공부해 보는 것이다. 아래의 표에 자신에게 가장 중요한 목표과목 3가지를 적어 보고 그 목표과목을 어떤 방법으로 공부할지에 대해서도 구체적으로 생각해 보자.

목표과목	목표과목의 구체적인 공부 방법
①	
②	
③	

각자 실천한 내용을 확인할 수 있도록 아래에 있는 표에 기록한다.

날짜	공부한 내용	확인
월 (/)		○
		○
		○
화 (/)		○
		○
		○
수 (/)		○
		○
		○

목 (/)		○ ○ ○
금 (/)		○ ○ ○
토 (/)		○ ○ ○
일 (/)		○ ○ ○

제5장

플래너 작성하기

플래너 이해와 실습

지난 시간 내용 정리

✿ 우선순위의 원칙–중요도란?

✿ 우선순위의 원칙–긴급도란?

✿ 이전 시간에 시간관리의 핵심 원칙인 우선순위와 파레토 법칙에 대해 생각해 보았다. 이런 원칙에 따라 자신에게 보다 중요한 과목의 공부를 시도해 보았을 것이다. 그렇다면 목표와 함께한 나의 일주일이 어땠는지를 스스로 평가해 보자.

[목표과목]		[일주일에 투자한 시간]		[평가 점수]
①	→	( ) 시간 ( ) 분	→	0–1–2–3
②	→	( ) 시간 ( ) 분	→	0–1–2–3
③	→	( ) 시간 ( ) 분	→	0–1–2–3

0: 목표를 잊고 전혀 실천하지 못함　　1: 조금 노력한 정도
2: 비교적 성실히 노력했음　　3: 최선을 다했음

☆ 내가 잘했다고 느껴지는 부분은 무엇인가?

☆ 아쉬운 느낌이 들고 조금 더 노력해야 한다고 생각되는 부분은 무엇인가?

토론 자료

감각박탈실험

가끔은 아무것도 안 하고 며칠씩 누워 있고 싶을 때가 있다. 바쁘게 살다 보면 때로 휴식이 필요한 것은 사실이다. 하지만 사람은 할 일이 없고 아무것도 안 할 때에 바쁠 때보다 더 큰 고통을 경험하게 된다.

도날드 헵이라는 심리학자가 실험에 참가할 사람을 모집했다. 참가자들이 해야 할 일은 아무것도 안 하고 침대에서 최대한 오래 누워 있기만 하면 되는 것이었다. 이렇게 침대에서 '버티기만' 하면 일을 해서 버는 것보다 더 많은 돈을 실험 참가비로 받을 수 있었다.

참가자들은 '아무것도' 안 해야 하기 때문에 소리와 빛이 차단된 방에 들어가 아주 부드러운 옷과 장갑을 끼고 푹신한 침대에 가만히 누워 있어야 했다. 이렇게 빈둥거리면서 돈을 벌 수 있다니 정말 신나는 일이지 않겠는가?

하지만 이 실험을 이틀 이상 버틴 사람은 거의 없었다. 하루가 지나가 참가자들은 생각을 집중할 수 없었고, 머릿속이 너무나 혼란스러워졌다. 이틀이 지나자 정신이 흐려졌고, 캄캄하고 조용한 방에서 무언가 어른거리는 듯한 환각도 나타나기 시작했다. 그러고는 얼마 지나지 않아 많은 돈을 벌 수도 있는 실험 참가를 포기하게 되었다.

우리는 일과 휴식을 골고루 취해야 건강하게 살 수 있다. 해야 할 일이 있고, 또 쉴 수 있는 시간이 있을 때가 가장 행복한 것이다. 삶에서 일과 휴식의 적절한 균형을 유지하기 위해서는 시간관리가 필수라는 사실도 명심해야 한다.

토론하기

독방에 갇힌 죄수처럼 아무런 할 일이 없어 고통스러울 정도의 무료함을 경험해 본 적이 있는가? 왜 이런 무료함이 고통을 일으키는지 생각해 보자.

체크리스트

문항	✓
1. 공부를 하기 위해 매일 일정한 시간을 정해 놓는다.	
2. 나만의 공부 계획표를 가지고 있다.	
3. 할 일이 많을 때 무엇을 먼저 해야 하는지 알고 있다.	
4. 하루 중 공부가 가장 잘되는 시간이 언제인지 안다.	
5. 평상시에 예습과 복습을 잘하는 편이다.	
6. 노트를 가지고 복습에 활용한다.	
7. 숙제는 빠짐없이 제때에 끝내는 편이다.	
8. 기분이 안 좋아도 해야 할 공부와 일은 하는 편이다.	
9. 시험은 미리미리 준비한다.	
10. 계획한 공부는 거의 실천하는 편이다.	

0 ~ 2개	무계획형
3 ~ 4개	벼락치기형
5 ~ 6개	미루기형
7 ~ 8개	성실형
9 ~ 10개	계획형

논의: 체크리스트를 통해 확인한 자신의 강점과 약점은?

1 시간관리의 어려움과 이유

사람들이 시간을 관리하는 방법은 크게 두 가지로 나뉜다. 시간을 중심으로 계획을 세우는 '시간 중심 계획표'와 할 일 목록을 중심으로 계획을 세우는 '과제 중심 계획표'이다. 이 두 가지 방식은 장점도 있지만 좋은 시간관리의 도구로 쓰기에는 몇 가지 문제가 있다. 우리가 시간관리를 제대로 하지 못하는 원인 중 몇 가지는 계획표 도구가 적절하지 않은 데에서도 찾아볼 수 있다. 두 계획표 양식의 장단점에 대해 생각해 보자.

'시간 중심 계획표'	장점	단점
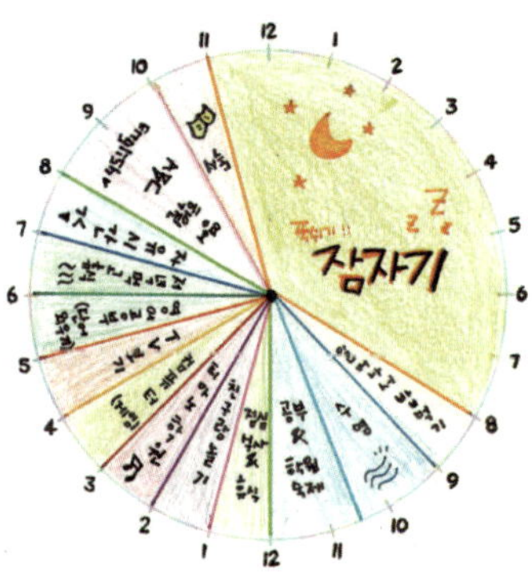		

'과제 중심 계획표'	장점	단점
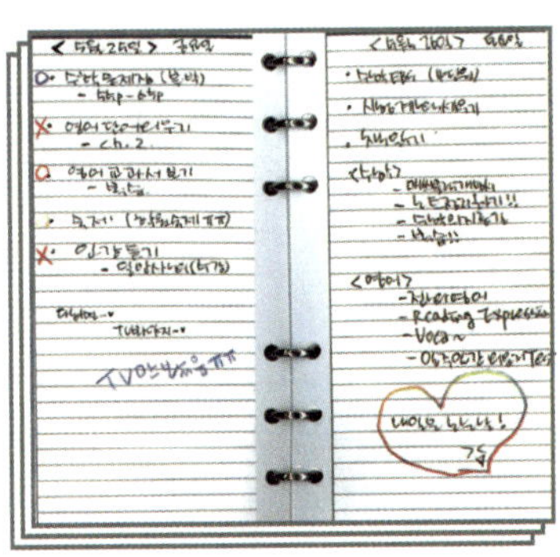		

2 평소 시간 사용 분석하기

1) 하고 싶은 일들: 스스로 즐겁게 느끼며 누가 시키지 않아도 하게 되는 일

(예: 게임, TV 보기, 잠자기 등)

하고 싶은 일	필요시간(하루 기준)
	(　　) 시간 (　　) 분
	(　　) 시간 (　　) 분
	(　　) 시간 (　　) 분
	(　　) 시간 (　　) 분
	(　　) 시간 (　　) 분
	(　　) 시간 (　　) 분
합계	(　　) 시간 (　　) 분

2) 해야 하는 일들: 당장 즐겁지 않아도 어떤 필요에 의해 꼭 해야 하는 일

(예: 시험공부, 숙제 등)

해야 하는 일	필요시간(하루 기준)
	(　　) 시간 (　　) 분
	(　　) 시간 (　　) 분
	(　　) 시간 (　　) 분
	(　　) 시간 (　　) 분
	(　　) 시간 (　　) 분
	(　　) 시간 (　　) 분
합계	(　　) 시간 (　　) 분

3) 시간계산을 해 보자.

(1) 언제든지 하고 싶어지는 일들을 하는 데 필요한 시간	( ) 시간 ( ) 분
(2) 해야 하는 일들을 하는 데 필요한 시간	( ) 시간 ( ) 분
	합 : ( ) 시간 ( ) 분

✿ 이 모든 일을 하는 데 하루 24시간으로 충분한가? 만일 시간이 남거나 모자란다면 그것은 무엇을 의미하는지에 대해 생각해 보자.

3 시간 사용 평가하기와 문제점 탐색

일기를 쓰게 되면 자신의 하루를 뒤돌아보고 더 나은 내일을 계획할 수 있다. 마찬가지로 시간 사용 습관을 바꾸기 위해서는 '시간일기'를 쓰는 것이 큰 도움이 된다.

1) 지난주 시간 사용 기록하기

	월	화	수	목	금	토	일
AM 12							
1							
2							
3							
4							
5							
6							
7							
8							
9							
10							
11							
PM 12							
1							
2							
3							
4							
5							
6							
7							
8							
9							
10							
11							
12							

2) 일주일 동안 어떻게 시간을 보냈는지를 기록했다면 이번에는 시간 사용을 분석해 보자. 다음의 표를 작성하면 자신의 시간 사용 내역에 대한 대략적인 평균을 낼 수 있다.

시간일기 항목	하루 평균 사용 시간	사용 순위
잠		
통학		
학교수업		
동아리		
숙제		
자기공부		
TV 시청		
컴퓨터(게임, 채팅, 인터넷)		
스마트폰		
책 읽기		
친구 만난 시간		
빈둥거린 시간		
생각 안 나는 시간		

4 시간 사용에 대해 평가하기

1) 일주일간의 생활 중에서 가장 보람되게 사용했다고 느껴지는 시간은?

2) 일주일간의 생활 중에서 가장 헛되이 사용했다고 느껴지는 시간은?

3) 앞으로 늘리고 싶은 항목은?

4) 앞으로 줄여야 한다고 생각되는 항목은?

5 시간의 4가지 유형

주머니에 100원밖에 없는 사람이 100원 이상의 지출을 하게 되면 그것은 고스란히 빚으로 남게 된다. 시간의 사용도 마찬가지여서 내 의지와 계획에 따라 쓸 수 있는 시간의 양을 모르는 상태에서 작성한 계획은 결코 지켜질 수 없다. 따라서 효과적인 계획표를 구성하려면 시간의 종류를 나눌 수 있어야 하며, 각각의 특성을 고려한 다음 계획을 세워야 한다.

1) 고정시간

고정시간이란? 이미 □□□ 있는 일들,
따로 □□ 할 필요가 없는 일들
예)

2) 가용시간

가용시간이란? 자신의 의지대로 □□ 해서 쓸 수 있는 시간

〈가용시간의 계산 방법〉
일주일 전체 시간(168시간) − 기본활동시간
나의 일주일 가용시간은 (   )시간

3) 목표학습시간 정하기

가용시간이 결정되고 나면 이 중 얼마만큼의 시간을 내 공부에 사용할지 결정해야 한다. 목표시간을 결정하지 않으면 지나치게 많거나 적은 학습량을 잡기 때문에 좋은 계획을 세우는 데 걸림돌이 될 수 있다. 목표학습시간이란 쉽게 말해 '일주일 동안 내가 스스로 공부

하기로 계획한 시간'을 의미한다. 목표학습시간을 잡는 기준은 다음 3가지가 있다.

(1) □□□□의 20%

예) 만일 가용시간이 일주일에 50시간이라면 목표학습시간은 이 중의 20%인 10시간이 적당하다.

(2) □□□□□보다 20% 정도 더 늘리기

예) 계획이 없는 상태에서 평소 혼자 공부하는 시간이 5시간이었다면 목표학습시간은 6시간 정도가 적당하다.

(3) □□□□에 필요한 시간

예) 만일 다음 번 성적 목표를 이루기 위해 공부해야 할 양이 하루 2시간이라면 일주일 전체 학습목표는 14시간이 된다.

(4) 이와 같은 방식으로 여러분의 목표학습시간을 한 번 정해 보자.

나의 목표학습시간은?	일주일에 시간

목표학습시간을 이렇게 정한 이유는 무엇인지 정리해 보자.

4) 골든타임

책상에 앉는다고 아무 때나 공부가 잘되는 것이 아니다. 또한 앞에서 배운 대로 목표학습시간은 그리 많지 않기 때문에 그 공부시간을 황금과 같이 소중하게 사용해야 한다. 내 가용시간 중 집중하기 가장 유리한 시간을 미리 찾아보자. 이러한 시간을 Golden Time이라 한다.

하루 중 □□ 하기에 가장 유리한 시간

(1) 골든타임을 결정하는 기준은, 다음 4가지이다.

□□□ 않은 시간

비교적 □□□ 시간

□□□ 이 좋은 시간

□□ 이 적은 시간

(2) 하루 중 이상의 조건에 잘 맞는 시간이 언제인지 찾아보자.

시간대		월	화	수	목	금	토	일
아침	6~7							
	7~8							
오전	9~10							
	10~11							
	11~12							
오후	1~2							
	2~3							
	3~4							
	4~5							
저녁	5~6							
	6~7							
	7~8							
	8~9							
밤	9~10							
	10~11							
	11~12							
	12~1							
	1~2							

6 플래너의 구성요소

우리는 이제까지 시간관리를 잘하기 위한 몇 가지 방법에 대해 살펴보았다. 할 일의 목록을 짜고, 어떤 것을 먼저 할지 우선순위도 정할 수 있게 되었다. 하지만, 여전히 이것만으로는 부족하다. 지속적인 시간관리를 위해서는 그러한 모든 것들을 일목요연하게 정리할 수 있는 도구가 필요하다.

앞에서 알아본 '시간 중심 계획표'나 '과제 중심 계획표'는 각각의 단점이 존재하기 때문에, 한 가지 방법만 사용하는 것은 바람직하지 않다. 두 가지 방식의 장점이 고루 사용되도록 하는 것이 좋다. 실천하기 좋은 계획표는 다음과 같은 3가지 요소를 포함한다.

종류	내용
기본 시간표	기본적으로 하루 동안 고정적으로 하는 일들을 기록한다. 자는 시간, 식사시간, 수업시간, 아르바이트 시간과 같이, 파레토 법칙에서 설명하는 80%에 해당하는 시간들을 표시하면 된다. 반면, TV 보기나 자기, 공부시간과 같은 것은 마음먹기에 따라 다른 일을 할 수도 있기 때문에 포함하지 않는다.
주간 계획표	그 주 안에 마무리를 해야 하는 일들을 기록한다. 숙제, 시험, 특별히 신경 써야 할 과목들을 미리 적어 본다. 주말에는 밀린 일을 해치울 수 있도록 여유시간을 따로 마련하면 좋다.
일일 계획표	하루 동안에 해야 할 일을 우선순위에 따라 구체적으로 기록한다. 이는 주간계획을 하루에 다룰 수 있는 정도로 작게 나눈 것으로, 일과 중 시간상으로 20%인 일들이 중요성에서는 80% 이상이라는 점을 명심해야 한다.

1) 기본시간표와 주간계획표의 작성

1 step. 기본시간표 위에 위치한 나의 진로목표를 쓰는 칸에 '**미래에 내가 갖고 싶은 직업**'을 기록합니다. 그리고 그 아래 나의 학점목표를 쓰는 칸에는 '**다음 학기에 받고 싶은 학점**'을 기록합니다.

2 step.
기본시간표에는 일주일간 생활을 하면서 반복적으로 하게 되는 '**이미 짜여 있는 일들**'을 기록합니다. 예를 들어, 잠자기 시작한 시간과 일어난 시간에 색연필 등으로 표시하고 항목을 적습니다.
'골든타임'이란 집중에 유리한 시간을 말합니다. 내가 하루 중 가장 집중을 잘할 수 있는 시간은 언제인지 생각해 봅니다.

3 step.
'**가용시간**'을 체크해 봅니다.
(실세 사용할 수 있는 시간)

4 step. 주간계획에는 '**일주일간 해야 할 공부목표**'를 기록합니다.

2) 일일계획표 작성하기

1step. '**오늘 날짜**'를 적고 공부할 준비가 됐는지 스스로 점검해 봅니다.

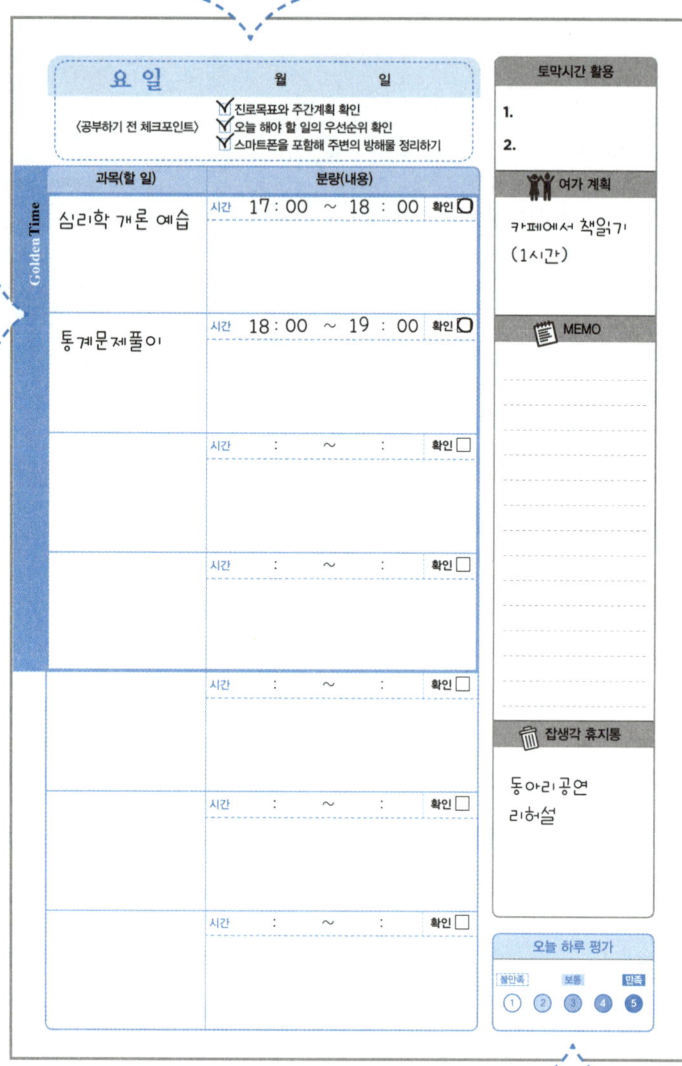

2step.
주간계획에 있는 항목 중 '**오늘 해야 할 일을 과목, 시간, 분량으로 기록**'합니다.
제대로 실천했는지도 표시해 봅니다.

3step.
특이사항을 메모하거나 여러 가지 잡생각을 적으며 정리하는 '**메모/잡생각 휴지통**'
하루를 보람차게 보낸 자신에게 주는 특별 서비스 '**여가 계획**'
하루의 깔끔한 마무리를 위한 '**하루 평가**'

월 째 주

나의 진로목표	
학점목표	평점 ____ 점에서 ____ 점으로 향상시키기

기본 시간표

	월	화	수	목	금	토	일
01:00							
02:00							
03:00							
04:00							
05:00							
06:00							
07:00							
08:00							
09:00							
10:00							
11:00							
12:00							
01:00							
02:00							
03:00							
04:00							
05:00							
06:00							
07:00							
08:00							
09:00							
10:00							
11:00							
12:00							
01:00							
가용시간							

오전

오후

이번 주 **총 가용 시간** ________시간 / **목표 학습 시간** ________시간

주간계획

목표과목	시간	기타일정	시간

요 일 월 일

〈공부하기 전 체크포인트〉
- ☐ 진로목표와 주간계획 확인
- ☐ 오늘 해야 할 일의 우선순위 확인
- ☐ 스마트폰을 포함해 주변의 방해물 정리하기

Golden Time

과목(할 일)	분량(내용)
	시간 : ~ : 확인 ☐
	시간 : ~ : 확인 ☐
	시간 : ~ : 확인 ☐
	시간 : ~ : 확인 ☐
	시간 : ~ : 확인 ☐
	시간 : ~ : 확인 ☐
	시간 : ~ : 확인 ☐

토막시간 활용

1.

2.

여가 계획

MEMO

잡생각 휴지통

오늘 하루 평가

불만족 보통 만족

① ② ③ ④ ⑤

7 자투리 시간의 활용 방법

1) 자투리 시간 찾기

자투리 시간의 종류	하루 평균 시간
학교 쉬는 시간	분
점심 식사 후 남는 시간	분
통학 시간	분
친구 기다리는 시간	분
그 외:	분
그 외:	분

하루 총 자투리 시간: 시간 분

2) 자투리 시간 활용 방법

하루 동안 적지 않은 자투리 시간이 있다는 것을 알게 되었다. 하지만 자투리 시간들은 모두 이어 붙일 수 없기 때문에 조금 다른 방식의 시간 활용법을 찾아봐야 한다. 어떻게 하면 자투리 시간을 알뜰하고도 효과적으로 사용할 수 있을지 생각해 보자. 혹시 자신만의 방법이 있다면 다른 친구들과 나누어 보자.

예) 참고 서적 읽기
영어 MP3 파일 듣기

8 여가시간 활용하기

1) 여가시간(휴식과 놀이)의 중요성

시간관리에서 가장 중요한 것은, 나의 공부 목표를 이루기 위해 효율적으로 시간을 사용하는 것이다. 그래서 미리 계획표도 짜고, 얼마나 실천했는지 점검도 하는 것이다. 하지만 계속해서 공부만 하는 것은 불가능하다. 적당한 휴식과 놀이 역시 공부만큼 중요하고 필요한 일이며, 어떤 면에서는 공부의 연장으로도 볼 수 있다.

그렇다면, 잘 쉬고 잘 노는 것이 공부에 어떻게 도움이 될 수 있는지에 대해 생각해 보자.

예) 스트레스가 해소된다. 그래서 더 집중해서 공부할 수 있다.

2) 여가시간에 할 즐거운 활동 계획하기

무엇을 해야 여가시간을 즐겁게 보낼 수 있을까? 심리학자들의 연구 결과에 따르면 지나친 TV 시청이나 게임은 오히려 우울한 기분을 일으켜 공부에 방해가 된다고 한다. 기분 전환에 도움이 될 만한 활동에는 무엇이 있을지 생각해 보자. 잘 떠오르지 않는다면 다음 페이지의 '즐거운 활동 목록'을 참고한다.

예) 강아지랑 산책하기, 친구들과 운동하기

- 즐거운 활동 목록

항목	✓	항목	✓
반신욕하기		봉사활동 하기	
물건 수집하기(동전, 우표 등)		운동하기	
미래 상상하기		노래하기	
오래된 물건 정리하기		종교 활동하기	
영화 보기		십자말풀이 하기	
조깅이나 걷기		그림 그리기	
음악 듣기		자신의 장점 생각해 보기	
라디오 듣기		악기 연주하기	
사진 보기		누군가에게 줄 선물 만들기	
잡지나 신문 보기		책 읽기	
취미활동하기		자전거 타기	
요리해서 먹기		스포츠 관람하기	
집안 청소하기		사진 찍기	
식물 가꾸기		애완동물과 놀아 주기	
연기하기		행복했던 일 기억하기	
춤추기		카드놀이	

✿ 나에게 적당한 즐거운 활동은?

✿ 그 활동을 구체적으로 언제, 어떻게 할까?

적용 과제

✿ 한 주간 계획표를 구성해서 실천해 보자.

월 째 주

나의 진로목표	
학점목표	평점 점에서 점으로 향상시키기

기본시간표

	월	화	수	목	금	토	일
01:00							
02:00							
03:00							
04:00							
05:00							
06:00							
07:00							
08:00							
09:00							
10:00							
11:00							
12:00							
01:00							
02:00							
03:00							
04:00							
05:00							
06:00							
07:00							
08:00							
09:00							
10:00							
11:00							
12:00							
01:00							
가용시간							

오전 오후

이번 주 **총 가용 시간** ________시간 / **목표 학습 시간** ________시간

주간계획

목표과목	시간	기타일정	시간

월 요 일

월 일

〈공부하기 전 체크포인트〉
- ☐ 진로목표와 주간계획 확인
- ☐ 오늘 해야 할 일의 우선순위 확인
- ☐ 스마트폰을 포함해 주변의 방해물 정리하기

Golden Time

과목(할 일)	분량(내용)
	시간 : ~ : 확인 ☐
	시간 : ~ : 확인 ☐
	시간 : ~ : 확인 ☐
	시간 : ~ : 확인 ☐
	시간 : ~ : 확인 ☐
	시간 : ~ : 확인 ☐
	시간 : ~ : 확인 ☐

토막시간 활용

1.

2.

여가 계획

MEMO

잡생각 휴지통

오늘 하루 평가

불만족 보통 만족

① ② ③ ④ ⑤

화 요 일　　월　　일

〈공부하기 전 체크포인트〉

- ☐ 진로목표와 주간계획 확인
- ☐ 오늘 해야 할 일의 우선순위 확인
- ☐ 스마트폰을 포함해 주변의 방해물 정리하기

Golden Time

과목(할 일)	분량(내용)
	시간 : ~ : 확인 ☐
	시간 : ~ : 확인 ☐
	시간 : ~ : 확인 ☐
	시간 : ~ : 확인 ☐
	시간 : ~ : 확인 ☐
	시간 : ~ : 확인 ☐
	시간 : ~ : 확인 ☐

토막시간 활용

1.

2.

여가 계획

MEMO

잡생각 휴지통

오늘 하루 평가

불만족　보통　만족

① ② ③ ④ ⑤

수 요 일 월 일

〈공부하기 전 체크포인트〉
- ☐ 진로목표와 주간계획 확인
- ☐ 오늘 해야 할 일의 우선순위 확인
- ☐ 스마트폰을 포함해 주변의 방해물 정리하기

Golden Time

과목(할 일)	분량(내용)
	시간 : ~ : 확인 ☐
	시간 : ~ : 확인 ☐
	시간 : ~ : 확인 ☐
	시간 : ~ : 확인 ☐
	시간 : ~ : 확인 ☐
	시간 : ~ : 확인 ☐
	시간 : ~ : 확인 ☐

토막시간 활용

1.
2.

여가 계획

MEMO

잡생각 휴지통

오늘 하루 평가

불만족 보통 만족

① ② ③ ④ ⑤

목 요 일　　　월　　　일

〈공부하기 전 체크포인트〉
- ☐ 진로목표와 주간계획 확인
- ☐ 오늘 해야 할 일의 우선순위 확인
- ☐ 스마트폰을 포함해 주변의 방해물 정리하기

Golden Time

과목(할 일)	분량(내용)
	시간 : ~ : 확인 ☐
	시간 : ~ : 확인 ☐
	시간 : ~ : 확인 ☐
	시간 : ~ : 확인 ☐
	시간 : ~ : 확인 ☐
	시간 : ~ : 확인 ☐
	시간 : ~ : 확인 ☐

토막시간 활용
1.
2.

여가 계획

MEMO

잡생각 휴지통

오늘 하루 평가
불만족　보통　만족

① ② ③ ④ ⑤

금 요 일　　월　　일

〈공부하기 전 체크포인트〉
- ☐ 진로목표와 주간계획 확인
- ☐ 오늘 해야 할 일의 우선순위 확인
- ☐ 스마트폰을 포함해 주변의 방해물 정리하기

Golden Time

과목(할 일)	분량(내용)
	시간 : ~ : 확인 ☐
	시간 : ~ : 확인 ☐
	시간 : ~ : 확인 ☐
	시간 : ~ : 확인 ☐
	시간 : ~ : 확인 ☐
	시간 : ~ : 확인 ☐
	시간 : ~ : 확인 ☐

토막시간 활용
1.
2.

여가 계획

MEMO

잡생각 휴지통

오늘 하루 평가
불만족 ① ② 보통 ③ ④ 만족 ⑤

토 요 일 월 일

〈공부하기 전 체크포인트〉
- ☐ 진로목표와 주간계획 확인
- ☐ 오늘 해야 할 일의 우선순위 확인
- ☐ 스마트폰을 포함해 주변의 방해물 정리하기

Golden Time

과목(할 일)	분량(내용)
	시간 : ~ : 확인 ☐
	시간 : ~ : 확인 ☐
	시간 : ~ : 확인 ☐
	시간 : ~ : 확인 ☐
	시간 : ~ : 확인 ☐
	시간 : ~ : 확인 ☐
	시간 : ~ : 확인 ☐

토막시간 활용

1.

2.

여가 계획

MEMO

잡생각 휴지통

오늘 하루 평가

불만족 보통 만족

① ② ③ ④ ⑤

일 요 일 월 일

〈공부하기 전 체크포인트〉
- ☐ 진로목표와 주간계획 확인
- ☐ 오늘 해야 할 일의 우선순위 확인
- ☐ 스마트폰을 포함해 주변의 방해물 정리하기

Golden Time

과목(할 일)	분량(내용)
	시간 : ~ : 확인 ☐
	시간 : ~ : 확인 ☐
	시간 : ~ : 확인 ☐
	시간 : ~ : 확인 ☐
	시간 : ~ : 확인 ☐
	시간 : ~ : 확인 ☐
	시간 : ~ : 확인 ☐

토막시간 활용

1.

2.

여가 계획

MEMO

잡생각 휴지통

오늘 하루 평가

불만족 보통 만족

① ② ③ ④ ⑤

제6장

실행력 증진 전략

자기감찰 기술과
미루지 않기 전략

지난 시간 내용 정리

- 평소 시간 사용에서의 문제점은 무엇이었는가?

- 고정시간과 가용시간의 개념은 무엇인가?

- 자신의 골든타임은 언제인가?

- 일주일간 플래너를 작성하고 실천했던 경험에 대해 함께 논의해 보라. 어떤 점이 도움이 되었고 어떤 점이 어려웠는가?

토론 자료

마시멜로 실험

1960년대 스탠포드 대학의 심리학자 월터 미쉘은 유아를 대상으로 흥미로운 실험을 하나 진행했다. 실험 내용은 즉각적인 유혹을 견디는 아이들의 특징을 알고자 하는 것이었다. 교사 역할의 실험자는 아이들을 한 명씩 방으로 데리고 가서 마시멜로가 놓인 접시를 제공하고 다음과 같은 조건을 제시했다. "원한다면 당장 마시멜로를 먹어도 상관없어. 하지만 선생님이 다시 돌아올 때까지 참으면 마시멜로를 2개 먹을 수 있단다."

어떤 아이는 선생님이 떠나기 무섭게 마시멜로를 먹어 버렸고 다른 아이들은 15분에 가까운 시간을 기다려 마시멜로를 하나 더 받아 냈다. 어린아이들이 눈앞에 놓인 마시멜로를 이렇게 오랜 시간 먹지 않고 기다리는 것은 매우 어려운 일이었다.

비디오 관찰 결과 이토록 긴 시간 동안 유혹을 이겨 낸 아이들은 막연한 인내심으로 성공한 것이 아니었다. 이 아이들은 되도록 마시멜로를 쳐다보지 않으려고 노력했다(만일 마시멜로 위에 접시를 하나 덮어 보이지 않게 해 주면 아이들이 인내하는 시간은 두 배로 증가한다). 혹은 상상 놀이를 하거나 노래를 부르거나 심지어 일부러 잠을 자는 아이들도 있었다. 이런 대처를 통해 유혹을 이겨 낼 수 있었던 것이다.

월터 미쉘은 종단 연구를 통해 이 아이들이 그렇지 않았던 아이들에 비해 미국 대학수학능력시험(SAT)에서 더 높은 점수를 받았고, 대인관계에서도 더 좋은 평가를 받는다는 사실을 알게 되었다. 이러한 능력을 '만족지연능력'이라 부르며 성취 영역에서는 때로 지능보다도 더 중요한 역할을 한다고 알려져 있다.

토론하기

앞에서 살펴본 마시멜로 실험을 통해 인내심을 가지고 만족을 미루는 능력에 전략이 필요하다는 것을 살펴보았다. 대학생으로서 어떤 전략들이 미루기를 막고 필요한 일에 집중하는 실천력을 부여하는 전략이 될 수 있을지 관련된 경험이나 아이디어를 공유해 보자.

1 계획표 점검하기

내가 세운 공부 계획들을 잘 지킬 수 있는 또 다른 방법은 계획표를 점검하는 것이다. 주기적으로 계획표를 점검하다 보면, 내가 잘하는 점과 잘 못하는 점에 대해서 알 수 있게 된다. 이런 내용들을 다음 번 계획표에 반영한다면, 계획을 실천할 수 있는 가능성은 더욱 높아질 것이다.

1) 계획표 점검하기 1단계: 계획표의 형식적인 측면 점검하기

단계	내용	확인	
		아니다	그렇다
〈1단계〉 기본 시간표	• 자신의 목표를 기록했는가?	0	1
	• 고정된 활동만 기록되어 있는가?	0	1
	• 테두리와 색을 사용해서 알아보기 쉽게 그렸는가?	0	1
	• 골든타임을 표시했는가?	0	1
	• 가용시간은 정확히 계산되었는가?	0	1
	• 가용시간을 바탕으로 이번 주의 목표학습시간을 정했는가?	0	1
〈2단계〉 주간 계획표	• 우선순위에 맞게 기록했는가?	0	1
	• 숙제 및 기타 공부를 기록했는가?	0	1
	• 각각의 공부시간을 적었는가?	0	1
	• 총 공부시간이 목표시간과 같거나 많은가?	0	1
〈3단계〉 일일 계획표	• 그날 해야 할 공부를 빠짐없이 기록했는가?	0	1
	• 기본시간표에 있는 골든타임 위주로 공부시간을 결정했는가?	0	1
	• 시작 시간과 끝 시간을 적었는가?	0	1
	• 구체적인 분량을 결정했는가?	0	1
	• 토막시간을 활용하기 위해 계획을 세웠는가?	0	1
	• 공부를 마친 후 하고 싶은 일들은 무엇이 있는지 기록했는가?	0	1

총 점수: ______	
잘된 점	개선해야 할 점

2 성취도 계산하기

계획을 세우는 것보다 더 중요한 것은 실천하는 것이다. 실천을 잘하기 위한 방법 중 하나는, 이번 주에 내가 계획한 것들을 얼마나 잘 지켰는지 계산해 보는 것이다. 이를 성취도라고 한다.

성취도는 일일계획표를 토대로 계산하면 된다. 즉, 전체 일일계획의 개수를 분모에, 그 중에서 실제로 실천한 일일계획의 개수를 분자에 넣은 뒤, 여기에 100%를 곱하면 그 주의 성취도가 계산된다.

$$\frac{\text{실제로 지킨 일일계획의 개수}}{\text{이번 주 전체 일일계획의 개수}} \times 100$$

기령, 한 주 동안 총 12개의 계획을 세운 사람이 이 중에서 총 6개의 계획을 실천했다면, 실천도는 (6개/12개) × 100으로, 50%가 된다.

1) 계획을 시도했던 지난주 실천도를 계산해 보자.

%

2) 성취도와 실제 공부시간을 그래프에 표시하기

앞에서 계산한 성취도와 실제 공부시간을 성취도 그래프에 표시한다. 그래프는 눈에 잘 보이는 곳에 붙여 두고 매주 확인하도록 한다.

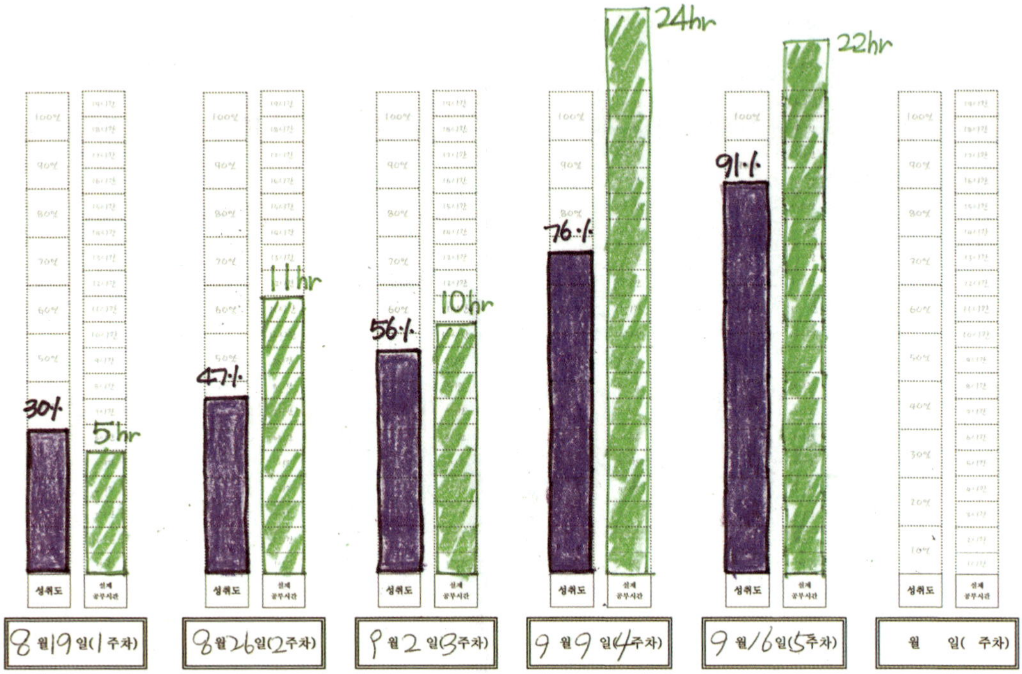

3 내 계획표의 잘된 점, 아쉬운 점 찾아 정리하기

내 계획표의 잘된 점은 무엇일까? 먼저 예시를 살펴본 뒤, 내가 잘했던 점에 대해 적어 본다.

〈잘된 점 예시〉

"이번 주에는 기본시간표를 깔끔하게 잘 그려서 알아보기가 쉬웠어."

"일일계획표에 분량을 아주 구체적으로 적어서 실천하기가 좋았어."

"지난주보다 성취도가 더 올라갔어!"

자, 이번에는 내 계획표의 잘된 점을 적어 보자.

〈아쉬운 점 예시〉

"까먹고 계획표를 세우지 않았어."

"일일계획표에 시간과 분량을 정확하게 적지 않았어."

"계획 세운 것을 절반도 지키지 못했어."

자, 이번에는 내 계획표의 아쉬운 점을 적어 보자.

4 시간관리를 하면서 어려웠던 점 토론하기

앞에서도 말했듯이, 계획표를 만드는 일과 지키는 일은 별개이다. 사실 계획표를 세우는 것보다는 그것을 지키는 것이 더 어려운 일이다. 계획한 것들을 잘 실천하기 위해서는 마음가짐도 중요하지만, 적절한 방법과 요령이 중요하다.

✿ 내가 시간관리를 하면서 어려웠던 점을 3가지 적어 보자.

•
•
•

✿ 이번에는 주변 사람들과 상의하여 시간관리를 하면서 공통으로 경험했던 어려웠던 점 2가지를 적고, 각각에 대한 해결 방법을 찾아보자.

◆ 어려웠던 점: ____________________

☞ 해결 방법은?

•
•

◆ 어려웠던 점: ____________________

☞ 해결 방법은?

•
•

5 성공적인 시간관리를 위한 주의사항

사실 내가 세운 계획표를 실천하여 시간관리를 제대로 한다는 것은 어느 누구에게도 아주 어려운 일임에 틀림없다. 그래서 처음에는 시간관리에 실패하기 쉽고 내 마음처럼 되지 않는 경험을 하게 된다. 중요한 것은 이런 상황에서 쉽게 좌절하거나 포기하지 않고, 꾸준하게 시간관리를 실천해 보는 것이다.

다음은 성공적인 시간관리를 위해 명심해야 할 사항들이다.

- 시간관리를 실패하는 대부분의 원인은 □□□ 계획 때문이다.
  처음부터 욕심부리지 않는다.
- □□는 당연한 것이다. 다만 어떻게 하면 성공할 수 있을지 늘 고민한다.
- □□ 시간도 미리 계획한다. 그러기 위해서 평소 시간을 아껴서 사용해야 한다.
- 계획표는 적어도 □□ 전에 만들어야 한다.
- 적어도 □ 개월 정도는 사용해야 시간관리가 습관으로 자리 잡는다.

6 자기보상/처벌 전략

스키너(Skinner)라는 심리학자는 다음과 같은 실험을 통해 동물들이 특정한 행동을 습관적으로 반복하도록 만들 수 있었다. 쥐를 레버가 달려 있는 작은 상자에 넣고 쥐가 레버를 누를 때마다 먹이를 제공한 것이다. 배고픈 쥐는 처음에는 상자 안에서 어쩔 줄 몰라 이리저리 오가다가 우연히 레버를 누르게 되는데 이후에는 레버 누르는 행동이 급증하기 시작한다. 이렇게 어떤 행동을 증가하게 만드는 것을 '보상'이라고 한다. 어릴 때 학교에서 칭찬이나 스티커를 받은 후 행동이 달라지는 것도 이런 원리이다.

반면, 원래 행동 뒤에 자주 벌이 따르면 그 행동은 감소하게 된다. 레버를 자주 누르게 된 쥐에게 이번에는 레버를 누르면 곧바로 약한 전기충격을 주었다. 그러자 쥐는 몇 번 만에 레버 누르기를 그만두게 되었다. 이런 현상을 '처벌'이라고 한다.

다시 말해, 자신의 행동 뒤에 보상이라 부르는 좋은 결과 혹은 처벌이라 부르는 부정적 결과를 뒤따르게 하면 행동은 급격히 변화하게 된다.

✿ 아래 표에 계획을 잘 실천했을 때 스스로에게 줄 수 있는 보상과 처벌을 찾아보자.

자기보상 목록	자기처벌 목록
예) 공부 끝난 후 미드 1편 시청하기	예) 딴짓하느라 계획을 지키지 못했을 때, 그 날은 좋아하는 간식 금지

7 자기선언문 작성하기

자신의 결심과 계획을 공개하는 것은 책임감을 증가시키며 타인의 평가에 예민하게 만들기 때문에 실천력 증진에 도움이 된다. 아래 선언문을 작성해서 주변 사람들에게 공개해 보자.

나 (　　　)는 학습계획을 실천할 것을 스스로에게 약속합니다.

힘들고 어렵더라도 앞으로 (　　　)까지 실천해 보겠습니다.

실천력을 높이기 위해 다음 사항을 반드시 지키겠습니다.

1) 매주 (　　)% 이상의 계획을 실천하겠습니다.

2) 매주 (　　) 시간 이상의 공부를 하겠습니다.

3) 매주 일요일 저녁에는 다음 주 일주일 계획을 세우고 공개하겠습니다.
(지금 바로 일요일 저녁 시간에 '계획 세우기' 알람을 맞춰 보자)

다음 사항을 잘 지키면 스스로에게 다음과 같은 상을 주겠습니다.

-
-

위 사항을 지키지 못하면 스스로에게 다음과 같은 벌을 부과하겠습니다.

년　　월　　일　　(서명)

8 미루는 것을 막는 전략

해야 할 일이 뻔히 있지만 그것을 미루는 경우는 매우 흔하다. 특히 계획을 세울수록 그런 일은 더 많이 생기는 경향이 있다.

1) 먼저 실천해야 한다고 생각하지만 미루고 있는 일을 3가지 정도 기록하고 미루는 이유에 대해 논의해 보자.

미루고 있는 일들	미루는 이유
1)	
2)	
3)	

2) 주변 사람들과의 논의를 통해 일을 미루게 만드는 '달콤한' 생각들을 찾아 보자.

일을 미루게 만드는 생각
예) 내일 하면 더 잘될 거야!
1)
2)
3)
4)

3) 미루는 것을 막을 수 있는 생각을 찾아보자. 다음과 같은 생각은 덜 미루는 데 도움이 된다.

일을 덜 미루게 만드는 생각
예) 내일 하면 더 하기 싫고 일이 늘어난다. 최선의 시간은 바로 지금이다!
1)
2)
3)
4)

4) 미루고 있는 일 중 가장 만만한 일을 하나 골라 보자. 자신의 생명이 24시간밖에 남지 않았다고 가정해 보자. 미루고 있는 일 하나 정도는 끝내고 세상을 떠난다는 심정으로 그 일을 기록하고 어떻게 처리할 것인지 방법도 생각해 보자.

내가 죽기 전에 끝낼 단 하나의 일	일을 처리하는 방법

적용 과제

다음 주 계획의 실천 목표를 정해 보자. 그리고 실천력을 높이기 위해 적용할 수 있는 방법을 2가지만 생각해서 적용해 보자.

①

②

월 요 일 월 일

〈공부하기 전 체크포인트〉
- ☐ 진로목표와 주간계획 확인
- ☐ 오늘 해야 할 일의 우선순위 확인
- ☐ 스마트폰을 포함해 주변의 방해물 정리하기

Golden Time

과목(할 일)	분량(내용)
	시간 : ~ : 확인 ☐
	시간 : ~ : 확인 ☐
	시간 : ~ : 확인 ☐
	시간 : ~ : 확인 ☐
	시간 : ~ : 확인 ☐
	시간 : ~ : 확인 ☐
	시간 : ~ : 확인 ☐

토막시간 활용

1.

2.

여가 계획

MEMO

잡생각 휴지통

오늘 하루 평가

불만족 보통 만족

① ② ③ ④ ⑤

화 요 일

월 일

〈공부하기 전 체크포인트〉

- ☐ 진로목표와 주간계획 확인
- ☐ 오늘 해야 할 일의 우선순위 확인
- ☐ 스마트폰을 포함해 주변의 방해물 정리하기

Golden Time

과목(할 일)	분량(내용)
	시간 : ~ : 확인 ☐
	시간 : ~ : 확인 ☐
	시간 : ~ : 확인 ☐
	시간 : ~ : 확인 ☐
	시간 : ~ : 확인 ☐
	시간 : ~ : 확인 ☐
	시간 : ~ : 확인 ☐

토막시간 활용

1.

2.

여가 계획

MEMO

잡생각 휴지통

오늘 하루 평가

불만족 보통 만족

① ② ③ ④ ⑤

수 요 일 월 일

〈공부하기 전 체크포인트〉
- ☐ 진로목표와 주간계획 확인
- ☐ 오늘 해야 할 일의 우선순위 확인
- ☐ 스마트폰을 포함해 주변의 방해물 정리하기

Golden Time

과목(할 일)	분량(내용)
	시간 : ~ : 확인 ☐
	시간 : ~ : 확인 ☐
	시간 : ~ : 확인 ☐
	시간 : ~ : 확인 ☐
	시간 : ~ : 확인 ☐
	시간 : ~ : 확인 ☐
	시간 : ~ : 확인 ☐

토막시간 활용

1.
2.

여가 계획

MEMO

잡생각 휴지통

오늘 하루 평가

불만족 보통 만족

① ② ③ ④ ⑤

목 요 일 월 일

〈공부하기 전 체크포인트〉
- ☐ 진로목표와 주간계획 확인
- ☐ 오늘 해야 할 일의 우선순위 확인
- ☐ 스마트폰을 포함해 주변의 방해물 정리하기

Golden Time

과목(할 일)	분량(내용)
	시간 : ~ : 확인 ☐
	시간 : ~ : 확인 ☐
	시간 : ~ : 확인 ☐
	시간 : ~ : 확인 ☐
	시간 : ~ : 확인 ☐
	시간 : ~ : 확인 ☐
	시간 : ~ : 확인 ☐

토막시간 활용

1.

2.

여가 계획

MEMO

잡생각 휴지통

오늘 하루 평가

불만족 보통 만족

① ② ③ ④ ⑤

금요일 월 일

〈공부하기 전 체크포인트〉

- ☐ 진로목표와 주간계획 확인
- ☐ 오늘 해야 할 일의 우선순위 확인
- ☐ 스마트폰을 포함해 주변의 방해물 정리하기

Golden Time

과목(할 일)	분량(내용)
	시간 : ~ : 확인 ☐
	시간 : ~ : 확인 ☐
	시간 : ~ : 확인 ☐
	시간 : ~ : 확인 ☐
	시간 : ~ : 확인 ☐
	시간 : ~ : 확인 ☐
	시간 : ~ : 확인 ☐

토막시간 활용

1.

2.

여가 계획

MEMO

잡생각 휴지통

오늘 하루 평가

불만족 보통 만족

① ② ③ ④ ⑤

토 요 일　　　월　　　일

〈공부하기 전 체크포인트〉
- ☐ 진로목표와 주간계획 확인
- ☐ 오늘 해야 할 일의 우선순위 확인
- ☐ 스마트폰을 포함해 주변의 방해물 정리하기

Golden Time

과목(할 일)	분량(내용)
	시간 : ~ : 확인 ☐
	시간 : ~ : 확인 ☐
	시간 : ~ : 확인 ☐
	시간 : ~ : 확인 ☐
	시간 : ~ : 확인 ☐
	시간 : ~ : 확인 ☐
	시간 : ~ : 확인 ☐

토막시간 활용

1.

2.

여가 계획

MEMO

잡생각 휴지통

오늘 하루 평가

불만족　보통　만족

① ② ③ ④ ⑤

일 요 일 월 일

〈공부하기 전 체크포인트〉
- ☐ 진로목표와 주간계획 확인
- ☐ 오늘 해야 할 일의 우선순위 확인
- ☐ 스마트폰을 포함해 주변의 방해물 정리하기

Golden Time

과목(할 일)	분량(내용)
	시간 : ~ : 확인 ☐
	시간 : ~ : 확인 ☐
	시간 : ~ : 확인 ☐
	시간 : ~ : 확인 ☐
	시간 : ~ : 확인 ☐
	시간 : ~ : 확인 ☐
	시간 : ~ : 확인 ☐

토막시간 활용

1.

2.

여가 계획

MEMO

잡생각 휴지통

오늘 하루 평가

불만족 보통 만족

① ② ③ ④ ⑤

제7장

수면과 컨디션 조절

수면의 이해와
수면 습관, 식사 습관 점검

지난 시간 내용 정리

✿ 일주일간 플래너를 작성하고 실천했던 경험에 대해 함께 논의해 보라. 성취도 그래프에는 어떤 변화가 있는가? 어떤 점이 도움이 되었고 어떤 점이 어려웠는가?

✿ 이전 시간에는 계획을 실천할 수 있는 전략에 대해 생각해 보았다. 한 주 동안의 시간 관리는 어떠했는지, 어떤 실천 전략을 적용해 보았는지 그 경험을 발표해 보자.

토론 자료

꿈속에서의 발견

방향족 탄화수소인 벤젠이 어떤 구조로 이루어져 있는지 알아내기 위해 많은 과학자들이 40년 동안이나 노력했지만 그 답을 찾기는 쉬운 일이 아니었다. 벤젠의 탄소 사슬이 어떤 식으로 얽혀 있는지를 밝혀내기 위해 노력하던 독일의 저명한 화학자 케쿨레(Friedrich August Kekule)는 어느 날 아주 이상한 꿈을 꾸었다. 여섯 마리의 뱀이 서로의 꼬리를 물고 원형의 띠를 이루면서 꿈틀대고 있는 장면이었다.

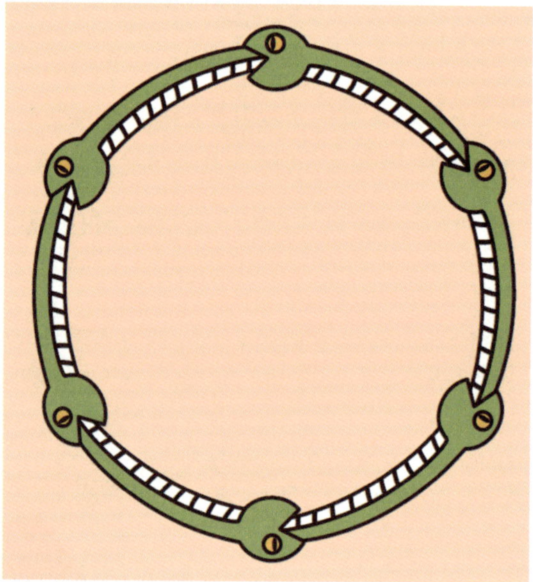

잠에서 깨자마자 케쿨레는 꿈에서 본 장면을 그림으로 옮겼고, 그것이 바로 6각형에 탄소와 수소 6개를 가지고 있는 벤젠의 구조라는 것을 알게 되었다. 유기화학 분야에서 가장 값진 발견 중의 하나인 벤젠의 구조는 이렇게 놀랍게도 한 과학자가 잠을 자는 동안 꿈을 통해 그 힌트를 얻어 낸 것이다.

토론하기

✿ 수면과 창의성 간의 관련성에 대한 각자의 견해를 나누어 보자.

수면 습관 체크리스트

평소 자신의 수면 습관이 얼마나 건강하고 좋은지 확인해 보자.

번호	문항	✓
1	늘 규칙적인 시간에 자고 깬다.	
2	아침에 일어나면 머리가 맑은 느낌이다.	
3	자리에 누우면 20분 안에 잠이 드는 편이다.	
4	잠자기 전에 과식을 하지 않는다.	
5	웬만해서는 낮잠을 자지 않는다.	
6	조느라 수업을 놓치는 경우는 거의 없다.	
7	주말에도 규칙적으로 자고 깨는 편이다.	
8	한번 잠들면 자주 깨지 않고 푹 자는 편이다.	

점수	결과
1 ~ 2점	수면 습관이 매우 안 좋음
3 ~ 4점	고쳐야 할 수면 습관이 있음
5 ~ 6점	수면 습관이 양호한 편
7 ~ 8점	좋은 수면 습관을 가지고 있음

논의: 체크리스트를 통해 확인한 자신의 강점과 약점은?

1 잠에 대한 에피소드

여러분은 '잠' 하면 어떤 에피소드가 떠오르는가? 잠에 얽힌 재미있는 경험이 있다면 한 번 적어 보자.

나는 '잠' 하면 이게 떠올라요.

2 평소 수면량 점검하기

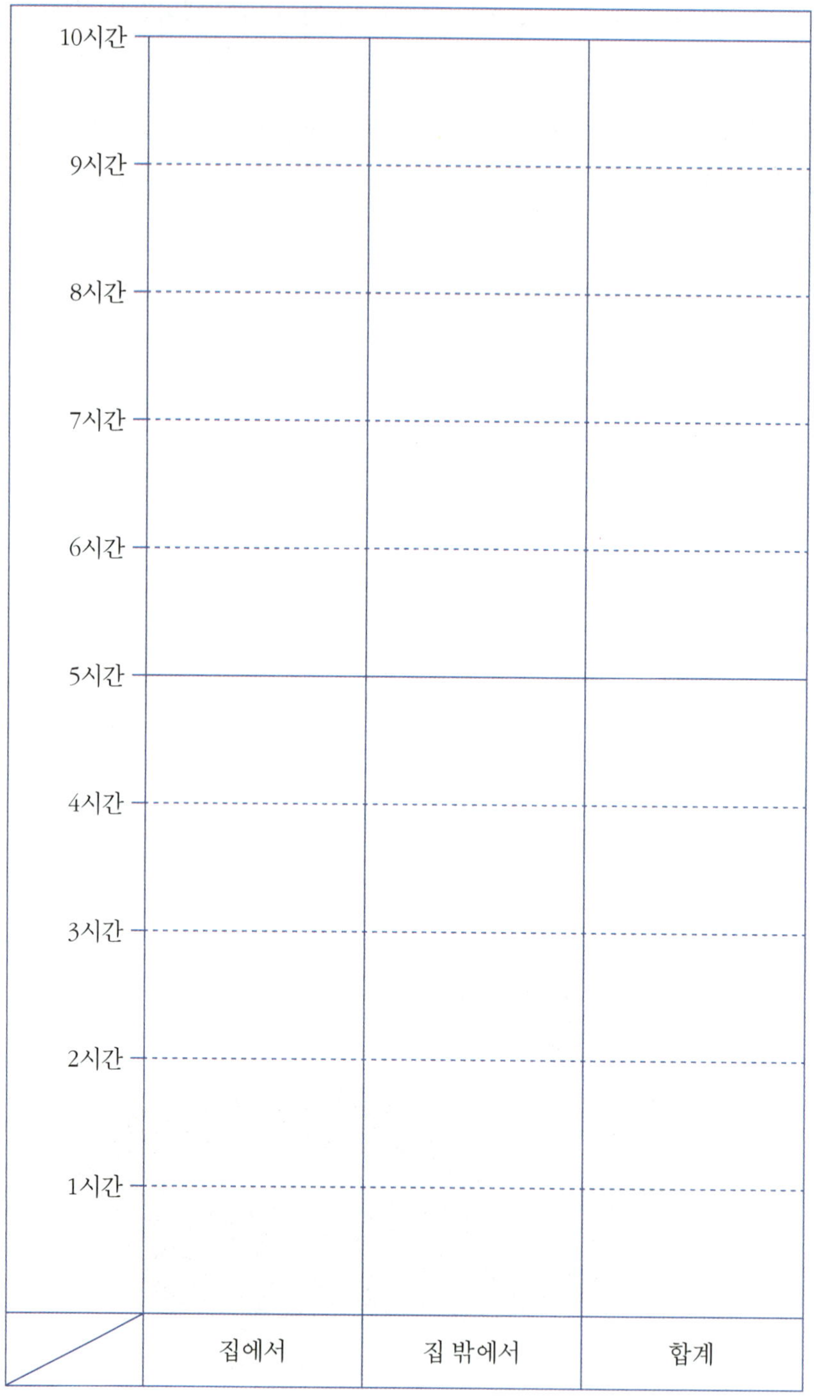

3 수면 평가

평소에 잠이 충분하다고 느끼는가? 각자의 경험을 정리해서 적어 보자.

YES!	

네, 저는 항상 잠이 충분하다고 느껴요. 그 이유는,

No!	

아니에요, 저는 항상 잠이 부족해요. 그 이유는,

4 수면의 중요성 이해하기

1) 수면 ○× 퀴즈

질문 1. 낮에 운동을 하거나 체력을 많이 사용하면 잠을 더 많이 자야 한다.

답: ○ / ×
설명:

질문 2. 잠을 자는 동안 뇌는 완전히 휴식을 취한다.

답: ○ / ×
설명:

질문 3. 8시간을 잔다면 사람은 낮과 밤을 거꾸로 살아도 별 문제는 없다.

답: ○ / ×
설명:

질문 4. 눈을 감고 침대에 누워 쉬는 것만으로도 잠을 잔 것과 같은 효과가 있다.

답: ○ / ×
설명:

질문 5. 코를 고는 것은 시끄러울 뿐 해롭지는 않다.

답: ○ / ×
설명:

질문 6. 모든 사람은 매일 꿈을 꾼다.

답: ○ / ×
설명:

2) 수면 부족의 결과

성인에게 필요한 평균 수면량은? (　　　) 시간

"필요량보다 수면이 (　　　)시간 이상 부족하면 나타나는 현상"

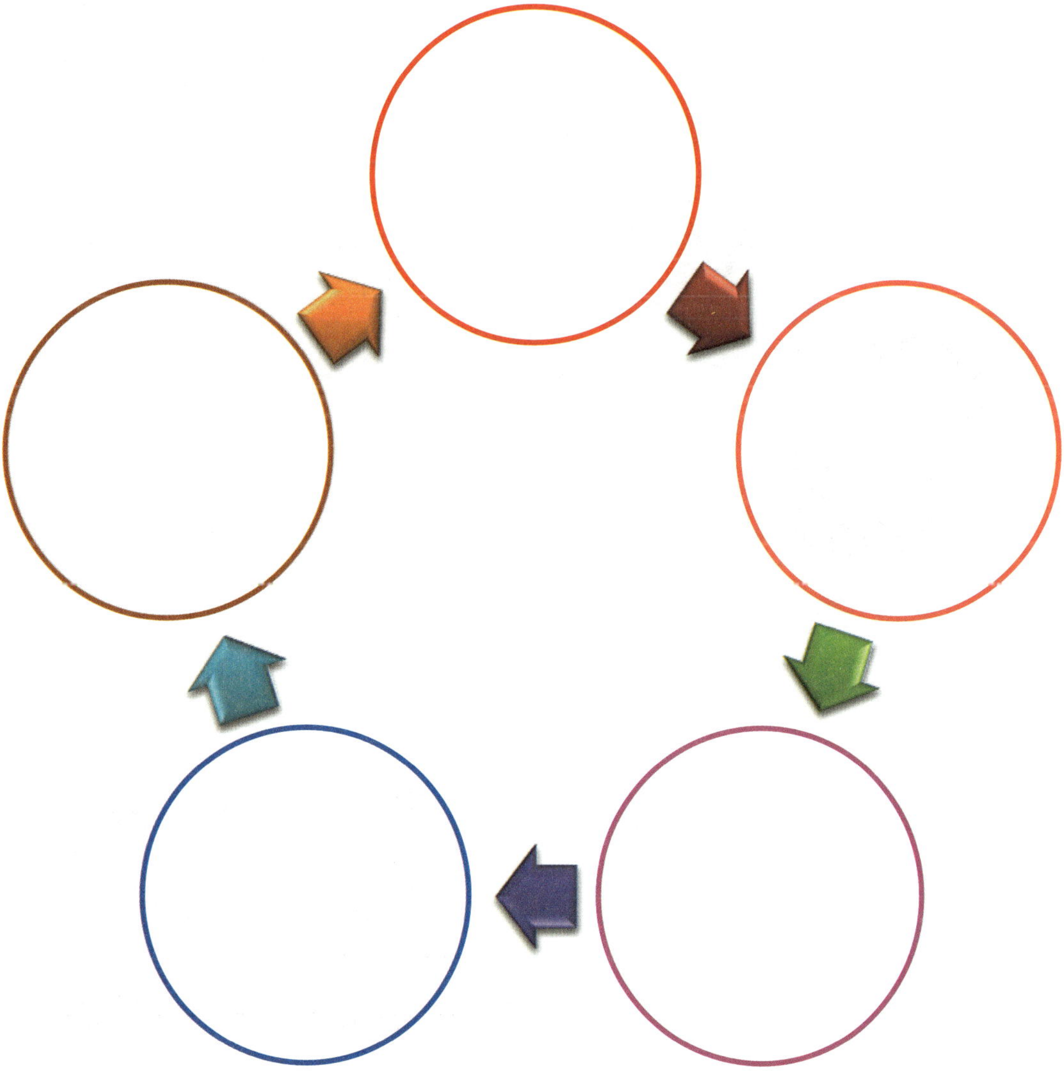

3) 건강한 수면을 위한 잠의 과학

• 우리 뇌의 활동을 측정하는 기계를 통해 □□를 측정하면 수면이 □개의 단계에 걸쳐 일어난다는 것을 알 수 있다.

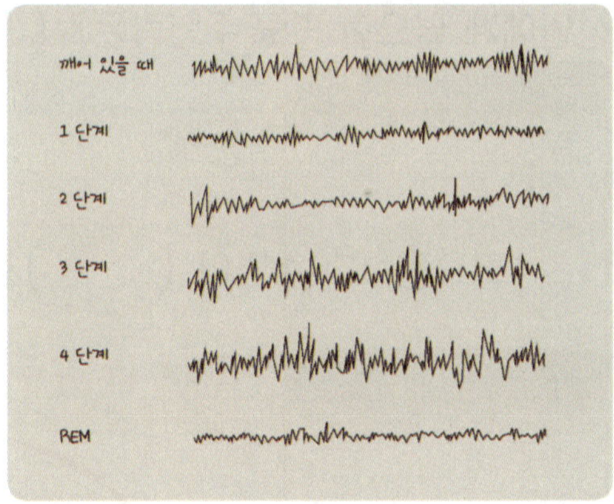

• 이 중 □□□ 수면은 4단계 수면이 시작된 지 약 45분 후 나타나며 뇌의 활동이 갑자기 활발해진다. 이때 잠을 깨우면 대부분의 사람들은 꿈을 보고한다.

• 최근 발표된 연구에서, □시간 정도 충분히 자고 기억테스트를 받은 학생들과 잠을 제대로 자지 못하고 테스트를 받은 학생들의 성적을 비교한 결과, 잠을 충분히 잔 학생들의 성적이 잠을 못 잔 학생들에 비해 평균 □□% 이상 좋았다.

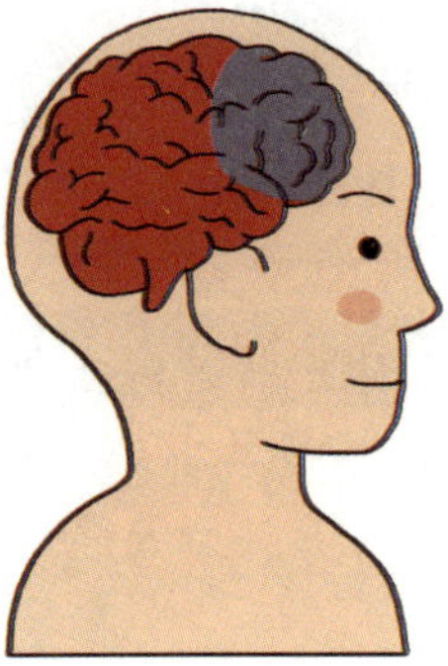

- 수면이 부족하게 되면 혈류에서 □□□을 뽑아 내는 신체기능이 약화되고, 그 결과 기본적인 에너지가 충분히 뇌에 전달되지 못해, 학습에서 가장 중요한 영역인 대뇌의 □□□이 제대로 활동하지 못한다.

5 숙면 방법과 수면리듬 만들기

- □□은 짧게 잔다. 낮 시간에 졸음이 오는 것은 정상적인 것이다. 하지만, 이때 □□분 이상 잠을 자게 되면 수면리듬에 영향을 받게 되고 밤에 잠이 쉽게 들지 않는다.
- 휴일에 몰아서 자지 않는다. 평소에 부족한 잠을 메우려고 한 번에 10시간 이상 몰아서 잠을 자게 되면 □□□□에 균형이 깨지기 때문에 휴일이 끝나는 다음 날 활동에 지장을 받게 된다. 월요일이 유난히 피곤하게 느껴지는 '□□□'은 이런 이유로 일어난다.
- 잠들기 전 □□을 줄이자. 그날 해결하지 못한 일들에 대해 잠자리에서 집착하지 말고 모두 적어 두었다가 다음 날 다시 생각하면 된다.
- 잠들기 3시간 이내에는 □□을 피하자. 더구나 밤늦게 먹는 것은 비만의 원인이 되기도 한다.
- 잠잘 때 방의 환경은 □□고 □□하고 □□가 잘되어야 한다.
- 잠이 오지 않을 때는 억지로 잠을 자려는 시도를 하지 말아야 한다. 이렇게 하면 □□□이 더 심해질 수 있다. 오히려, 그때는 불을 켜고 일어나서 활동적이지 않은 □□□일(예를 들면, 책 읽기)을 하다가, 졸릴 때 다시 잠자리에 드는 것이 좋다. 그리고 잠을 적게 잤더라도 다음 날 제시간에 일어나야 정상적인 수면리듬을 찾을 수 있다.
- 커피, 홍차, 녹차, 초콜릿 등의 □□□ 함유 식품을 저녁에 섭취하는 것은 피해야 한다. 카페인에 예민한 사람은 오후에 한 잔만 마셔도 수면에 방해를 받는 경우가 있다.

6 집중을 높여 주는 휴식 방법

집중을 하는 것은 근육을 사용하는 것과 비슷해서 일정 시간 이상 지속할 수 없다. 중간중간 적당한 휴식을 취해야 최상의 집중 상태를 유지할 수 있다. 하지만 잘못 쉬면 아예 공부를 못 하게 되기도 한다.

1) 쉬면서 하기에 적당한 일과, 오히려 집중을 방해하기 때문에 해서는 안 되는 일을 구분해 보자.

쉬면서 하기에 적당한 일은?	쉬면서 하면 안 되는 일은?
•	•
•	•
•	•
•	•
•	•

2) 집중을 높여 주는 스트레칭 방법

오랜 시간 한 자세로 책을 보게 되면 목이나 어깨 부분의 근육이 점차 경직된다. 이런 상태가 지속되면 통증을 느낄 수도 있고, 무엇보다 혈액순환이 원활하지 않아 집중에 좋지 않은 영향을 줄 수 있다. 다음과 같은 스트레칭은 혈액순환을 도와 집중력을 개선해 주므로 쉬는 시간에 자주 실천해 보자.

(1) 목 스트레칭

한 손을 머리에 살며시 얹고, 머리를 위에서 아래로 지그시 누른다. 반대편 목이 당겨지는 느낌을 약 10초간 유지한다. 손을 바꿔 반대편 목 근육도 당겨 준다.

(2) 어깨 스트레칭

한쪽 팔을 반대편 팔의 팔꿈치 쪽으로 붙이고 몸 안쪽으로 서서히 잡아당긴다. 반대편 팔과 어깨가 잡아당겨지는 느낌을 약 10초간 유지한다. 팔을 바꾸어 반대편 어깨도 당겨 준다.

(3) 팔 스트레칭

양손에 깍지를 끼고, 손바닥을 뒤집어 앞으로 쭉 내민다. 양 팔 근육이 쭉 펴지는 느낌을 약 10초간 유지한다. 이 상태를 3~4회 반복한다.

(4) 옆구리 스트레칭

양손에 깍지를 끼고, 손을 위로 쭉 들어 편다. 그 상태에서 몸을 한쪽으로 서서히 기울인다. 한쪽 옆구리가 쭉 펴지는 느낌을 10초간 유지한다. 마찬가지 방법으로 반대편 옆구리도 당겨 준다.

7 식사의 중요성

1) 평소에 아침식사를 하는 편인가?

아니요, 거의 먹지 않아요	불규칙해요	항상 잘 챙겨 먹어요

2) 식사를 거르고 수업을 듣거나 공부할 때 집중과 기억에 있어 어려움은 없었는지 자신의 경험을 적어 보자.

3) 아침식사는 다음과 같은 이유로 집중력에 영향을 준다.

두뇌가 작동하기 위해서는 반드시 □□□ 이 공급되어야 한다. 아침에는 밤 사이 따로 섭취한 영양분이 없기 때문에 혈액 내에 포도당 수준이 매우 낮은 상태가 된다. 따라서, 쌀밥과 같은 탄수화물을 섭취해야 두뇌가 활동할 수 있는 에너지인 포도당이 공급되는 것이다. 다시 말해, 아침밥을 거르면 집중력, 기억력, 문제해결능력과 같은 학습능력에 관련된 뇌의 활동이 줄어드는 것이다.

4) 집중력을 높이는 데 도움이 되는 음식은 어떤 것이 있을까? 다음 중에서 골라 보자.

사과, 깻잎, 과자, 아몬드, 초콜릿, 굴, 호두, 계란 노른자, 당근, 사탕, 탄산음료, 우유, 치즈, 요구르트, 버섯, 라면, 고등어

□□ 이나 □□ 에 포함된 복합탄수화물이 집중에 도움이 된다. 그 외의 음식물은 졸음이나 집중력 저하를 일으킬 수 있다.

8 수면리듬의 적용과 식사습관

1) 나에게 필요한 수면량 결정하기

- 수면량을 결정하는 기준은 다음과 같다.

- 아침에 일어날 때 가뿐한 느낌이 들어야 한다.
- 낮 동안 공부할 때 졸음을 느끼지 않아야 한다.
- 일상생활에 지장이 없을 만큼의 길이여야 한다.
- 권장 수면시간에서 너무 많이 벗어나지 않는다.

- 나에게 필요한 수면 시간은 □□ 시간, □□ 분

2) 요일에 따라 자고 일어나는 시간의 규칙을 정해 보자.

시간	월	화	수	목	금	토	일
12(오전)							
1							
2							
3							
4							
5							
6							
7							
8							
9							
10							
11							
12(오후)							
1							
2							
3							
4							
5							
6							
7							
8							
9							
10							
11							

3) 숙면을 방해하는 잘못된 습관 찾기

✿ 좋은 수면 습관을 만들어야겠다고 생각했지만, 뜻대로 되지 않는 경우가 많다. 자신의 경우 어떤 잘못된 습관이 숙면을 방해하는지 찾아보자. 그리고 그것에 대한 해결책도 생각해 보자.

• 늦게 자고 늦게 일어나게 만드는 잘못된 습관은?

❶

❷

❸

❹

• 이런 문제들에 대한 해결책은?

적용 과제

수면리듬 기록하기

요일	취침시간	기상시간	수면량	하루의 느낌
월	☐☐ 시 ☐☐ 분	☐☐ 시 ☐☐ 분	☐☐ 시 ☐☐ 분	☐ 상쾌하고 집중이 잘됨 ☐ 보통 ☐ 멍하고 졸림
화	☐☐ 시 ☐☐ 분	☐☐ 시 ☐☐ 분	☐☐ 시 ☐☐ 분	☐ 상쾌하고 집중이 잘됨 ☐ 보통 ☐ 멍하고 졸림
수	☐☐ 시 ☐☐ 분	☐☐ 시 ☐☐ 분	☐☐ 시 ☐☐ 분	☐ 상쾌하고 집중이 잘됨 ☐ 보통 ☐ 멍하고 졸림
목	☐☐ 시 ☐☐ 분	☐☐ 시 ☐☐ 분	☐☐ 시 ☐☐ 분	☐ 상쾌하고 집중이 잘됨 ☐ 보통 ☐ 멍하고 졸림
금	☐☐ 시 ☐☐ 분	☐☐ 시 ☐☐ 분	☐☐ 시 ☐☐ 분	☐ 상쾌하고 집중이 잘됨 ☐ 보통 ☐ 멍하고 졸림
토	☐☐ 시 ☐☐ 분	☐☐ 시 ☐☐ 분	☐☐ 시 ☐☐ 분	☐ 상쾌하고 집중이 잘됨 ☐ 보통 ☐ 멍하고 졸림
일	☐☐ 시 ☐☐ 분	☐☐ 시 ☐☐ 분	☐☐ 시 ☐☐ 분	☐ 상쾌하고 집중이 잘됨 ☐ 보통 ☐ 멍하고 졸림

월 요 일 월 일

〈공부하기 전 체크포인트〉
- ☐ 진로목표와 주간계획 확인
- ☐ 오늘 해야 할 일의 우선순위 확인
- ☐ 스마트폰을 포함해 주변의 방해물 정리하기

GoldenTime

과목(할 일)	분량(내용)
	시간 : ~ : 확인 ☐
	시간 : ~ : 확인 ☐
	시간 : ~ : 확인 ☐
	시간 : ~ : 확인 ☐
	시간 : ~ : 확인 ☐
	시간 : ~ : 확인 ☐
	시간 : ~ : 확인 ☐

토막시간 활용

1.

2.

여가 계획

MEMO

잡생각 휴지통

오늘 하루 평가

불만족 보통 만족

① ② ③ ④ ⑤

화 요 일　　　월　　　일

〈공부하기 전 체크포인트〉
- ☐ 진로목표와 주간계획 확인
- ☐ 오늘 해야 할 일의 우선순위 확인
- ☐ 스마트폰을 포함해 주변의 방해물 정리하기

Golden Time

과목(할 일)	분량(내용)
	시간 : ~ : 확인 ☐
	시간 : ~ : 확인 ☐
	시간 : ~ : 확인 ☐
	시간 : ~ : 확인 ☐
	시간 : ~ : 확인 ☐
	시간 : ~ : 확인 ☐
	시간 : ~ : 확인 ☐

토막시간 활용
1.
2.

여가 계획

MEMO

잡생각 휴지통

오늘 하루 평가
불만족　보통　만족
① ② ③ ④ ⑤

수 요 일 월 일

〈공부하기 전 체크포인트〉
- ☐ 진로목표와 주간계획 확인
- ☐ 오늘 해야 할 일의 우선순위 확인
- ☐ 스마트폰을 포함해 주변의 방해물 정리하기

Golden Time

과목(할 일)	분량(내용)
	시간 : ~ : 확인 ☐
	시간 : ~ : 확인 ☐
	시간 : ~ : 확인 ☐
	시간 : ~ : 확인 ☐
	시간 : ~ : 확인 ☐
	시간 : ~ : 확인 ☐
	시간 : ~ : 확인 ☐

토막시간 활용

1.

2.

여가 계획

MEMO

잡생각 휴지통

오늘 하루 평가

불만족 보통 만족

① ② ③ ④ ⑤

목 요 일　　월　　일

〈공부하기 전 체크포인트〉
- □ 진로목표와 주간계획 확인
- □ 오늘 해야 할 일의 우선순위 확인
- □ 스마트폰을 포함해 주변의 방해물 정리하기

Golden Time

과목(할 일)	분량(내용)
	시간　:　～　:　확인 □
	시간　:　～　:　확인 □
	시간　:　～　:　확인 □
	시간　:　～　:　확인 □
	시간　:　～　:　확인 □
	시간　:　～　:　확인 □
	시간　:　～　:　확인 □

토막시간 활용

1.

2.

여가 계획

MEMO

잡생각 휴지통

오늘 하루 평가

불만족　보통　만족

① ② ③ ④ ⑤

금요일 월 일

〈공부하기 전 체크포인트〉
- ☐ 진로목표와 주간계획 확인
- ☐ 오늘 해야 할 일의 우선순위 확인
- ☐ 스마트폰을 포함해 주변의 방해물 정리하기

Golden Time

과목(할 일)	분량(내용)
	시간 : ~ : 확인 ☐
	시간 : ~ : 확인 ☐
	시간 : ~ : 확인 ☐
	시간 : ~ : 확인 ☐
	시간 : ~ : 확인 ☐
	시간 : ~ : 확인 ☐
	시간 : ~ : 확인 ☐

토막시간 활용

1.

2.

여가 계획

MEMO

잡생각 휴지통

오늘 하루 평가

불만족 보통 만족

① ② ③ ④ ⑤

토요일 월 일

〈공부하기 전 체크포인트〉
- □ 진로목표와 주간계획 확인
- □ 오늘 해야 할 일의 우선순위 확인
- □ 스마트폰을 포함해 주변의 방해물 정리하기

Golden Time

과목(할 일)	분량(내용)
	시간 : ~ : 확인 □
	시간 : ~ : 확인 □
	시간 : ~ : 확인 □
	시간 : ~ : 확인 □
	시간 : ~ : 확인 □
	시간 : ~ : 확인 □
	시간 : ~ : 확인 □

토막시간 활용

1.

2.

여가 계획

MEMO

잡생각 휴지통

오늘 하루 평가

불만족 보통 만족

① ② ③ ④ ⑤

일 요 일

월 일

〈공부하기 전 체크포인트〉

- ☐ 진로목표와 주간계획 확인
- ☐ 오늘 해야 할 일의 우선순위 확인
- ☐ 스마트폰을 포함해 주변의 방해물 정리하기

Golden Time

과목(할 일)	분량(내용)
	시간 : ~ : 확인 ☐
	시간 : ~ : 확인 ☐
	시간 : ~ : 확인 ☐
	시간 : ~ : 확인 ☐
	시간 : ~ : 확인 ☐
	시간 : ~ : 확인 ☐
	시간 : ~ : 확인 ☐

토막시간 활용

1.

2.

여가 계획

MEMO

잡생각 휴지통

오늘 하루 평가

불만족 보통 만족

① ② ③ ④ ⑤

제8장

집중 향상 전략

집중의 이해와 주의력 향상 기술

지난 시간 내용 정리

✿ 일주일간 플래너를 작성하고 실천했던 경험에 대해 함께 논의해 보자. 성취도 그래프에는 어떤 변화가 있는가? 어떤 점이 도움이 되었고 어떤 점이 어려웠는가?

✿ 수면 부족은 어떤 문제를 일으키는가?

✿ 숙면 방법에는 어떤 것들이 있는가?

✿ 아침식사가 중요한 이유는 무엇인가?

✿ 이전 시간에는 수면과 식사를 포함한 컨디션 관리의 중요성에 대해 생각해 보았다. 일주일간 수면리듬을 조절했던 경험에 대해 나누어 보자.

토론 자료

환경의 영향

방의 색깔과 체감시간 간의 관계를 실험한 연구가 있었다. 이 실험에서 실험 참가자들은 각각 빨간색 계열의 방과 파란색 계열의 방에 들어간 후, 1시간이 지났다고 생각하면 방에서 나오도록 지시를 받았다. 방에는 시계가 없었기 때문에 참가자들은 자신의 감에 의지할 수밖에 없었다.

실험 결과, 빨간색 계열의 방에 들어간 참가자들은 40~50분 전후로 방을 나온 데 반해, 파란색 계열의 방에 들어간 참가자들은 1시간 10분~1시간 20분이 지나도 좀처럼 방을 나올 생각을 하지 않았다.

이처럼 빨간색 계열의 방은 사람을 예민하게 만들고, 시간이 더디게 가는 것 같은 느낌을 준다. 짧은 시간 내에 많은 사람들이 왔다 가야 이익을 낼 수 있는 패스트푸드점의 인테리어가 주로 붉은색 계통인 이유도 이런 점 때문이다. 따라서 공부방이나 침실은 빨간색 계열보다 파란색 계열의 색채를 많이 사용함으로써 안정적이고 편안한 느낌을 주는 것이 좋다고 한다.

또한 빨간색 방과 푸른색 방에 들어갔을 때 체감온도가 3° 정도 차이가 난다는 실험결과도 있다. 이렇듯, 색깔뿐만 아니라 주변환경이 우리에게 미치는 영향은 생각보다 크고 중요하다.

토론하기

공부하는 환경이 집중도나 학습의 결과에 영향을 주었던 경험에 대해 논의해 보자.

집중력 체크리스트

문항	✓
1. 공부할 때는 딴생각을 하지 않는다.	
2. 공부할 때는 전적으로 공부에만 집중한다.	
3. 공부하는 동안 소음이 들리면 무시하려고 노력한다.	
4. 집중이 잘되지 않으면 집중을 잘하기 위해 나름대로 노력한다.	
5. 공부시간을 효과적으로 사용하고 있다.	
6. 공부하는 동안에 마음이 편안하다.	
7. 책상에 앉아서 졸지 않는다.	
8. 공부할 때는 음악이나 라디오를 듣지 않는다.	
	총 개수:

개수	결과
7 ~ 8개	집중관리 우수
5 ~ 6개	양호한 집중력
3 ~ 4개	다소 부족함
2개 이하	매우 부족함

논의: 체크리스트를 통해 확인한 자신의 강점과 약점은?

1 집중이란 무엇일까?

1) 내가 생각하는 '집중(集中)'이란...

2) 한 번에 집중할 때, 얼마나(몇 분 혹은 몇 시간) 집중하는 것이 적당할까? 그렇게 생각하는 이유도 함께 적어 보자.

내가 생각하는 적당한 집중의 길이:

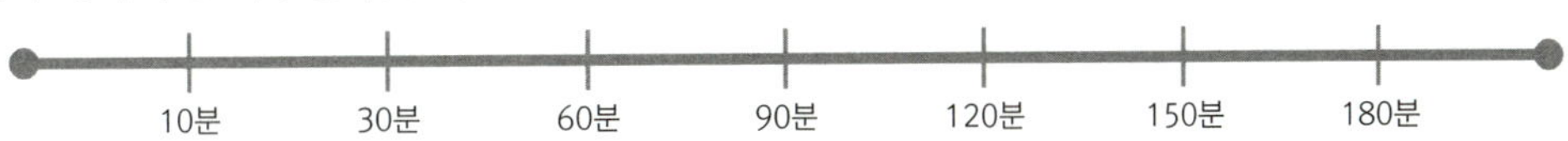

그렇게 생각하는 이유:

집중이란,

'□□□ □ 에만 □□ 시간 동안 □□ 를 기울이는 것'이라고 정의할 수 있다.

2 집중력에 대한 퀴즈

Quiz 1. 사람들은 누구나 마음만 먹으면 2시간 정도는 집중할 수 있다.	
설명	

Quiz 2. 하루 중 체온이 가장 높은 낮 시간에 집중도가 가장 높다.	
설명	

Quiz 3. 게임을 할 때 3~4시간 빠지는 것도 공부와 동일한 집중력이다.	
설명	

Quiz 4. 힘들고 어려운 공부를 할 때 음악을 듣는 것은 집중에 도움이 된다.	
설명	

3 집중력 테스트

아래에는 1부터 30까지의 숫자들이 있다. 1부터 시작해서 2, 3, 4의 순서대로 선을 긋는다. 되도록 연필을 종이에서 떼지 않고, 되도록 빨리한다. 제한시간은 60초.

4 주의력이 발휘되는 상황과 그렇지 않은 때의 차이

집중력이 항상 같은 것은 아니다. 공부하는 과목이나 시간 등에 따라 달라질 수 있다. 상황에 따라 집중력은 어떻게 달라질 수 있는지 한번 생각해 보자.

집중이 잘될 때	집중이 안 될 때
 과목, 시간대, 내 상태 등을 생각해서 써 보자.	 과목, 시간대, 내 상태 등을 생각해서 써 보자.

5 집중의 기본 조건

1) 집중의 조건, 첫 번째: 뚜렷한 목표

어떤 일에 몰두하고 집중을 하려면 그 일에 관심이 있어야 하고, 관심을 가지려면 그 일이 나에게 중요하고 의미 있는 일이어야 한다.

"사람은 자신에게 □□ 하고, □□ 있는 일에만 집중할 수 있다." 따라서 공부에 집중할 수 있으려면 반드시 뚜렷한 □□ 를 가지고 있어야 한다.

장기목표는 동기를 높여 주지만, 단기목표는 당장의 행동을 불러일으켜 준다.

단기목표: 보상이나 현재 해야 할 학습과제에서 느끼는 재미와 흥미	장기목표: 진로 등 미래 목표

2) 집중의 조건, 두 번째: 골든타임 활용

〈체온에 관한 생체리듬〉

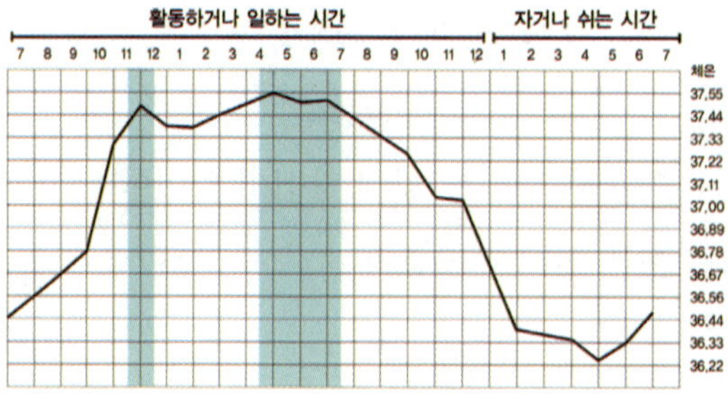

• 집중이 잘 안 되는 때에 2시간 공부한 것보다는, 집중이 잘되는 시간대에 1시간 하는 것이 훨씬 더 전략적이고 효과적인 공부 방법이다. 즉, 골든타임을 찾아 공부하는 것이 집중력 향상의 두 번째 방법이다.

• 골든타임을 결정하는 기준은 다음 4가지이다.

□□□ 않은 시간	비교적 □□□ 시간
□□□이 좋은 시간	□□이 적은 시간

• 나의 골든타임은 언제인가?

	1 잠만 오고 집중이 전혀 안 된다	2 깨어 있긴 하지만 집중은 안 된다	3 공부는 되지만 딴짓도 하게 된다	4 공부를 하면 집중이 잘 되는 편이다	5 집중이 아주 잘되서 공부에 몰입할 수 있다
아침 (AM 6:00~8:00)					
오전 (AM 8:00~PM 12:00)					
오후 (PM 1:00~5:00)					
저녁 (PM 5:00~9:00)					
밤 (PM 9:00~AM 12:00)					
새벽 (AM 12:00~6:00)					

3) 집중의 조건, 세 번째: 규칙적인 학습

집중을 잘할 수 있는 세 번째 조건은, 늘 비슷한 시간대에 비슷한 장소에서 규칙적으로 공부하는 습관을 들이는 것이다. 이것을 반복하다 보면 우리의 몸과 마음은 '음… 이 시간은 조용히 책을 보고 공부하는 시간이지.'라는 것을 알게 되고, 몸과 마음의 상태도 여기에 맞추게 된다.

규칙적으로 공부하는 습관이 중요한 또 다른 이유는 다음과 같다. 공부를 하다 보면 집중이 잘되는 날도 있고 때에 따라서는 그렇지 못한 날도 있다. 내 상태가 어떠하냐에 따라 공부를 하기도 하고 안 하기도 하면 공부하는 습관, 특히 집중해서 공부하는 습관은 길러지지 않을 것이다. 집중이란 마치 달리기 실력과 같은 것이다. 달리기가 잘되든 그렇지 않든(집중이 잘되든 그렇지 않든) 늘 비슷한 시간대에 반복해서 연습하다 보면, 어느 시점에 달리기 실력이 일취월장해 있듯이 집중력도 탄탄하게 자리를 잡게 되는 것이다.

따라서 하루에 조금씩이라도 책상에 앉아 집중해서 공부하는 연습을 하는 것이 필요하다. 처음부터 너무 무리하게 할 필요는 없다. 처음에는 10분, 20분 정도 제대로 집중해서 공부하는 연습을 한다. 그러다가 그 정도가 충분히 가능해지면 집중하는 시간을 조금씩 늘려 나간다.

아래의 빈칸에, 매일 조금씩 어떤 공부를 규칙적으로 하면 좋을지에 대해서 간략한 계획을 세워 보자.

	하루에 얼마나?	구체적으로 언제?	이때 어떤 공부를 하면 좋을까?
평일일 때	＿＿분	＿시＿분 ~ ＿시＿분	
주말일 때	＿＿분	＿시＿분 ~ ＿시＿분	

4) 집중의 조건, 네 번째: 적절한 시간 길이

혹시 다이어트를 하기로 결심해 본 적이 있는가? "먹는 것도 조절하고 운동도 많이 해서 살 좀 빼야지!", "더 예뻐지고 더 멋있어져야지!" 하는 생각을 해 본 적이 있을 것이다. 자신에게 적당한 운동량은 빠르게 걷기 30~40분 정도인데, 무리하게 2시간씩 헬스장에 있거나 달리기를 하면 며칠 못하고 결국 포기하게 된다. 자신에게 적당한 양의 운동을 선택해야 꾸준하게 유지하는 것이 가능하기 때문이다.

공부도, 집중도 마찬가지이다. 내가 한 번에 집중할 수 있는 시간은 30분이 안 되는데, 자꾸 2시간씩 3시간씩 집중하려고 하는 건 무리하게 2~3시간씩 달리기를 하는 것과 똑같은 것이다.

즉, 집중력에는 생물학적인 한계가 있다. 따라서 집중력을 높이기 위해서는, 나에게 적당한 길이의 집중 시간을 알고, 그 시간 동안 제대로 집중해서 공부하는 연습을 하는 것이다. 이 연습을 충분히 하고 나면 집중 시간을 조금씩 늘려 나갈 수 있다.

내가 한 번에 제대로 집중할 수 있는 시간은 얼마나 되나요? ______분

______분 공부	→ [분 쉬고] →	______분 공부	→ [분 쉬고]

집중할 수 있는 시간단위 계획은, 과목에 따라 조금씩 달라질 수 있다. 과목에 따라 한 번에 집중할 수 있는 시간이 좀 더 길어질 수도 있고 짧아질 수도 있다.

6 공부환경의 구성 방법

✿ 내가 주로 공부하는 장소는?

공부 장소	유리한 점	방해되는 점
예) 내 방	예) 의자가 내 체형과 잘 맞기 때문에 앉으면 편하다.	예) 책상 위가 너무 어질러져 있어서 공부를 하려고 할 때마다 치워야 한다.
〈장소 1〉		
〈장소 2〉		

방해되는 점을 해결할 수 있는 방법에 대해 적어 보자.

1)

2)

3)

7 잡념 통제하기 기술

집중을 잘할 수 있는 앞의 4가지 조건들을 다 갖추었다 하더라도, 공부하는 동안 잡생각이 떠올라 집중이 흐트러질 수 있다. 집중에 방해가 되는 잡생각을 줄일 수 있는 효과적인 방법 두 가지를 소개한다.

1) 횟수 체크하기

공부를 하는 동안 옆에 하얀 종이를 두고 잡생각이 떠오를 때마다 빗금(/)을 긋는 행동을 가리킨다. 이러한 행동은 심리학적 용어로 '자기감찰효과'를 가져와 잡생각이 떠오르는 빈도를 줄여 준다.

〈공부하는 책이나 노트〉

〈옆에 둔 종이〉

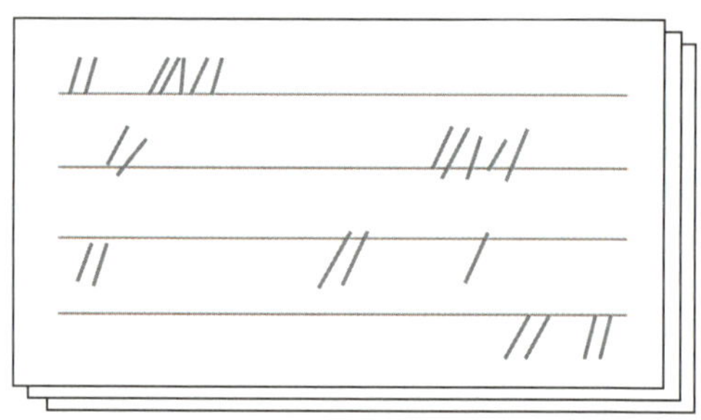

2) 잡생각 휴지통

때로는 횟수 체크하기로도 없애지지 않는 잡생각들이 있다. 이럴 때는 '글로 쓰기' 방법이 효과적이다. 억지로 생각을 안 하려 애쓰기보다 반대로 그 생각을 더 많이, 떠오르지 않을 때까지 하면 오히려 도움이 될 수 있다. 마치 일기를 쓰듯이, 옆에 둔 종이에 어떤 일이 있었는지, 그래서 어떤 생각이 들고 기분은 어떤지 등등에 대해 써 보자.

〈공부하는 책이나 노트〉

〈옆에 둔 종이〉

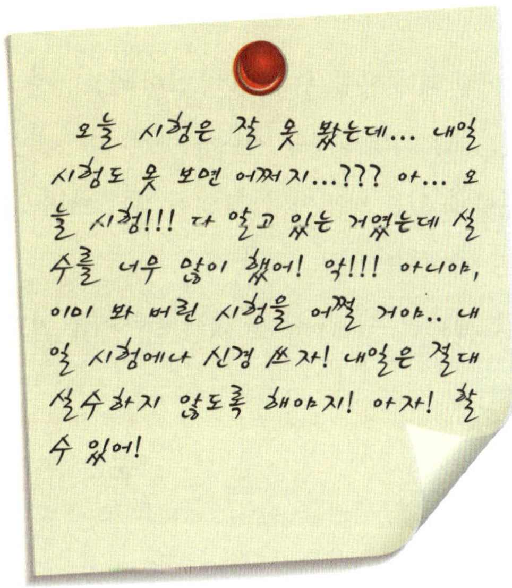

8 자기압박전략

1) 5분 학습법

앞에서 살펴보았듯이, 집중을 잘하기 위해서는 규칙적으로 공부하는 습관을 들여야 한다. 하지만 공부를 하다 보면 정말 집중이 전혀 되지 않는 날이 있기 마련이다.

이럴 땐 과감하게 공부를 접고 휴식을 취하는 것도 좋은 방법이다. 하지만 규칙적으로 공부하는 습관 자체가 집중에 도움이 되는 만큼, 조금이라도 공부하려고 노력해 보아야 한다.

이럴 때 사용할 수 있는 방법이 바로 '5분 학습법'이다. 이 방법은, 5분 정도 안에 끝낼 수 있는 최소한의 공부를 시도하는 것이다. 적은 양의 공부만 함으로써 순간적으로 집중을 끌어올릴 수 있는 방법이며, 그렇게 하다 보면 일종의 '시동 걸기 효과'가 발생할 수 있다.

그렇다면, 5분간 할 수 있는 공부에는 어떤 것들이 있을까?

5분간 할 수 있는 공부는?

-
-
-
-
-

2) 스톱워치의 활용

여유가 있다고 생각하면 긴장이 풀리면서 일하는 속도가 늦어지는 것을 누구나 경험해 보았을 것이다. 하지만 시험처럼 마감시간이 얼마 남지 않은 상황에서는 적당한 수준의 긴장감이 생기면서 쉬이 책에 집중하는 자신을 발견하게 된다. 따라서 평소 공부할 때도, 이러한 긴장감을 놓치지 않기 위해 '시간'을 제한해 두면서 공부하는 것이 집중력 향상에 도움이 된다. 이때 '스톱워치'는 제한시간을 알려 주는 유용한 도구로 쓰일 수 있다.

과목	분량	제한시간

9 집중이 안 되는 가장 큰 이유 정리하고 해결책 찾아보기

내가 집중이 안 되는 가장 큰 이유 3가지만 정리해 보자. 늘 집중을 방해하는 이유도 있을 것이고, 상황에 따라 나타나는 이유도 있을 것이다. 각각에 대해 정리한 뒤, 지금까지 배운 내용을 바탕으로 가능할 해결책에 대해서도 적어 보자.

집중이 안 되는 주요 이유	해결책
1	
2	
3	

적용 과제

일주일간 집중 그래프 그려 보기

✿ 일주일간 나의 집중 정도를 그래프로 그려 보고, 그 이유에 대해서도 적어 보자. 집중 정도는 최소 0에서 최대 100점까지이다. 해당되는 점수에 점을 찍어 일주일간 집중 정도 그래프를 완성한다. 그 아래에는 그렇게 집중하게 된 이유에 대해 적어 보자.

		월	화	수	목	금	토	일
집중 지수 그래프	100점							
	90점							
	80점							
	70점							
	60점							
	50점							
	40점							
	30점							
	20점							
	10점							
	0점							
그렇게 집중했던 이유는?								

월 요 일　　　월　　　일

〈공부하기 전 체크포인트〉

- ☐ 진로목표와 주간계획 확인
- ☐ 오늘 해야 할 일의 우선순위 확인
- ☐ 스마트폰을 포함해 주변의 방해물 정리하기

Golden Time

과목(할 일)	분량(내용)
	시간　:　～　:　확인 ☐
	시간　:　～　:　확인 ☐
	시간　:　～　:　확인 ☐
	시간　:　～　:　확인 ☐
	시간　:　～　:　확인 ☐
	시간　:　～　:　확인 ☐
	시간　:　～　:　확인 ☐

토막시간 활용

1.

2.

여가 계획

MEMO

잡생각 휴지통

오늘 하루 평가

불만족　보통　만족

① ② ③ ④ ⑤

화 요 일　　월　　일

〈공부하기 전 체크포인트〉
- ☐ 진로목표와 주간계획 확인
- ☐ 오늘 해야 할 일의 우선순위 확인
- ☐ 스마트폰을 포함해 주변의 방해물 정리하기

Golden Time

과목(할 일)	분량(내용)
	시간 : ~ : 확인 ☐
	시간 : ~ : 확인 ☐
	시간 : ~ : 확인 ☐
	시간 : ~ : 확인 ☐
	시간 : ~ : 확인 ☐
	시간 : ~ : 확인 ☐
	시간 : ~ : 확인 ☐

토막시간 활용
1.
2.

여가 계획

MEMO

삽생삭 휴시통

오늘 하루 평가
불만족 ① ② 보통 ③ ④ 만족 ⑤

수 요 일 월 일

〈공부하기 전 체크포인트〉
- ☐ 진로목표와 주간계획 확인
- ☐ 오늘 해야 할 일의 우선순위 확인
- ☐ 스마트폰을 포함해 주변의 방해물 정리하기

Golden Time

과목(할 일)	분량(내용)
	시간 : ~ : 확인 ☐
	시간 : ~ : 확인 ☐
	시간 : ~ : 확인 ☐
	시간 : ~ : 확인 ☐
	시간 : ~ : 확인 ☐
	시간 : ~ : 확인 ☐
	시간 : ~ : 확인 ☐

토막시간 활용

1.

2.

여가 계획

MEMO

잡생각 휴지통

오늘 하루 평가

불만족 보통 만족

① ② ③ ④ ⑤

목 요 일 월 일

〈공부하기 전 체크포인트〉

- □ 진로목표와 주간계획 확인
- □ 오늘 해야 할 일의 우선순위 확인
- □ 스마트폰을 포함해 주변의 방해물 정리하기

Golden Time

과목(할 일)	분량(내용)
	시간 : ~ : 확인 □
	시간 : ~ : 확인 □
	시간 : ~ : 확인 □
	시간 : ~ : 확인 □
	시간 : ~ : 확인 □
	시간 : ~ : 확인 □
	시간 : ~ : 확인 □

토막시간 활용

1.

2.

여가 계획

MEMO

잡생각 휴지통

오늘 하루 평가

불만족 ① ② 보통 ③ ④ 만족 ⑤

금 요 일　　월　　일

〈공부하기 전 체크포인트〉
- ☐ 진로목표와 주간계획 확인
- ☐ 오늘 해야 할 일의 우선순위 확인
- ☐ 스마트폰을 포함해 주변의 방해물 정리하기

Golden Time

과목(할 일)	분량(내용)
	시간 : ~ : 확인 ☐
	시간 : ~ : 확인 ☐
	시간 : ~ : 확인 ☐
	시간 : ~ : 확인 ☐
	시간 : ~ : 확인 ☐
	시간 : ~ : 확인 ☐
	시간 : ~ : 확인 ☐

토막시간 활용

1.

2.

여가 계획

MEMO

잡생각 휴지통

오늘 하루 평가

불만족　보통　만족

① ② ③ ④ ⑤

토 요 일 　월　　일

〈공부하기 전 체크포인트〉
- ☐ 진로목표와 주간계획 확인
- ☐ 오늘 해야 할 일의 우선순위 확인
- ☐ 스마트폰을 포함해 주변의 방해물 정리하기

Golden Time

과목(할 일)	분량(내용)
	시간 : ~ : 확인 ☐
	시간 : ~ : 확인 ☐
	시간 : ~ : 확인 ☐
	시간 : ~ : 확인 ☐
	시간 : ~ : 확인 ☐
	시간 : ~ : 확인 ☐
	시간 : ~ : 확인 ☐

토막시간 활용

1.

2.

여가 계획

MEMO

집생각 휴지통

오늘 하루 평가

불만족 보통 만족

① ② ③ ④ ⑤

일 요 일 월 일

〈공부하기 전 체크포인트〉
- ☐ 진로목표와 주간계획 확인
- ☐ 오늘 해야 할 일의 우선순위 확인
- ☐ 스마트폰을 포함해 주변의 방해물 정리하기

Golden Time

과목(할 일)	분량(내용)
	시간 : ~ : 확인 ☐
	시간 : ~ : 확인 ☐
	시간 : ~ : 확인 ☐
	시간 : ~ : 확인 ☐
	시간 : ~ : 확인 ☐
	시간 : ~ : 확인 ☐
	시간 : ~ : 확인 ☐

토막시간 활용

1.

2.

여가 계획

MEMO

잡생각 휴지통

오늘 하루 평가

불만족 보통 만족

① ② ③ ④ ⑤

제9장

수업 활용 전략

예습전략,
수업 중 집중 전략,
복습전략

지난 시간 내용 정리

일주일간 플래너를 작성하고 실천했던 경험에 대해 함께 논의해 보라. 성취도 그래프에는 어떤 변화가 있는가? 어떤 점이 도움이 되었고 어떤 점이 어려웠는가?

집중의 정의는 무엇인가?

집중의 기본 조건에는 어떤 것들이 있는가?

공부환경을 구성하는 원칙은 무엇인가?

잡념을 줄일 수 있는 방법은 무엇인가?

일주일간 공부를 하면서 집중도를 확인했던 결과에 대해 논의해 보자. 집중도가 높았던 날과 그렇지 않은 날의 차이는 무엇인지, 스스로 적용해 보았던 집중 향상 전략에는 어떤 것들이 있었는지 함께 논의해 보자.

토론 자료

子曰
吾嘗終日不食　오사종일불식
終夜不寢　종야불침
以思無益不如學也　이사무익불여학야

공자께서 말씀하시기를
내가 일찍이 종일토록 먹지 않고
밤새도록 잠을 안 자고
생각을 하였으나 득이 없었으니 남에게 배우는 것만 못하다.

- 논어(論語)

토론하기

✿ 현재까지의 삶 속에서 자신에게 가장 도움이 되었던 학교 수업은 어떤 시간이었고 그 이유는 무엇인지 논의해 보자.

수업 활용 체크리스트

문항	✓
1. 수업시간에는 딴짓하지 않는다.	
2. 어려운 과목은 이해를 잘하기 위해 미리 예습한다.	
3. 앉는 자세가 바른 편이다.	
4. 수업을 듣고 나면 중요한 내용을 파악할 수 있다.	
5. 남들이 떠들어도 수업에 집중하기 위해 신경 쓰지 않는다.	
6. 수업시간에는 최대한 집중해서 듣는다.	
7. 수업시간에 졸지 않는다.	
8. 수업시간을 통해서 시험 문제를 예상할 수 있다.	

점수	결과
7 ~ 8점	수업 활용도가 매우 높음
5 ~ 6점	수업 활용도가 양호함
3 ~ 4점	수업 활용도 다소 부족
2점 이하	수업을 통해 얻는 것이 별로 없음

논의: 체크리스트를 통해 확인한 자신의 강점과 약점은?

1 수업시간 집중도 확인하기

집중도	상태	과목	이유
상	매우 좋아하는 수업이며 거의 전적으로 수업에만 집중		
중	딱히 좋아하는 수업은 아니지만 필요에 따라 듣기도 하고 듣지 않기도 한다		
하	전혀 듣고 싶지 않아, 자주 결강하고 수업에 들어가도 제대로 듣지 않음		

나는 평소 수업을 들을 때 전체 수업의 평균 _____% 정도를 집중한다.

2 수업을 잘 들어야 하는 이유

1) ☐☐에 대한 이해가 훨씬 쉽다

수업을 무시하고 혼자서 공부하려고 하면 교수님의 설명을 들을 때보다 ☐배 정도 더 많은 노력이 필요하게 되기 때문에 결국 이중으로 시간이 소비된다.

2) 자연스러운 ☐☐이 가능해진다

사람의 기억력에는 기본적으로 한계가 있기 때문에 아무리 집중해서 공부한 내용이라도 100% 기억하기는 불가능하다. 수업을 중심으로 예습과 복습을 실천하면 자연스러운 반복 효과가 발생하기 때문에 교과 내용을 확실하게 이해하고 기억할 수 있다.

3) ☐☐☐☐를 잘 예상할 수 있다

시험 문제는 담당 교수가 출제한다. 혼자 아무리 열심히 공부해도 교수의 의도를 파악하지 못하면 좋은 결과를 기대하기 어렵다. 시험 문제의 대부분은 수업시간 중에 교수가 강조한 내용에서 나오기 때문에 강의 내용을 주의 깊게 듣고 교수님이 강조하는 것을 잘 체크해 두는 것이 필요하다.

– 학교 수업을 잘 들었을 때의 장점

✿ 수업을 잘 들었을 때 얻을 수 있는 다른 장점들은 또 무엇이 있을까?

3 경청기술

1) 경청하기 연습

2명씩 짝을 지어 다음 주제 중 하나를 골라 자유롭게 논의해 보자.

- 최근에 인상 깊게 봤던 영화
- 자신만의 취미
- 기억에 남는 여행 장소
- 최근의 고민

청자와 화자 역할을 1번씩 수행한다. 화자는 너무 길지 않은 문장으로 자유롭게 설명하면 된다. 청자는 한 문장이 끝날 때마다 화자가 했던 말을 최대한 똑같이 따라 한다. 총 10개의 문장을 시도해 보자. 화자는 청자의 듣기 능력을 한 문장당 10점씩 총 100점으로 점수를 준다. 정확하게 듣는다는 것이 무엇인지 경험해 보도록 하자.

문장 1	0 – 10 – 20 – 30 – 40 – 50 – 60 – 70 – 80 – 90 – 100
문장 2	0 – 10 – 20 – 30 – 40 – 50 – 60 – 70 – 80 – 90 – 100
문장 3	0 – 10 – 20 – 30 – 40 – 50 – 60 – 70 – 80 – 90 – 100
문장 4	0 – 10 – 20 – 30 – 40 – 50 – 60 – 70 – 80 – 90 – 100
문장 5	0 – 10 – 20 – 30 – 40 – 50 – 60 – 70 – 80 – 90 – 100
문장 6	0 – 10 – 20 – 30 – 40 – 50 – 60 – 70 – 80 – 90 – 100
문장 7	0 – 10 – 20 – 30 – 40 – 50 – 60 – 70 – 80 – 90 – 100
문장 8	0 – 10 – 20 – 30 – 40 – 50 – 60 – 70 – 80 – 90 – 100
문장 9	0 – 10 – 20 – 30 – 40 – 50 – 60 – 70 – 80 – 90 – 100
문장 10	0 – 10 – 20 – 30 – 40 – 50 – 60 – 70 – 80 – 90 – 100

2) 경청기술 – 예습의 효과

TV 드라마를 보다 보면, 결정적인 순간에 '다음 시간에...'라는 자막이 뜨면서, 다음 편 예고를 짧게 보여 주는 경우가 있다. 이런 장면을 통해서 다음 회에 대한 기대를 높이고, 호기심을 유발한다. 시청자 입장에서는 아쉬움과 함께 다음 내용이 어떻게 이어질지에 대한 궁금증이 생기게 된다. 이런 '티저 광고' 기법은 이제 매우 흔하게 사용되는 것으로 궁금함이 집중을 유발하는 효과를 활용하는 것이다.

수업에 들어가기에 앞서 능동적으로 궁금해지기 연습을 해 보자. 다음 목차를 중심으로 수업이 진행된다면 어떤 의문점을 만들어 볼 수 있을까? 의도적으로 궁금해지기 전략을 사용해 보자. 최대한 다양한 질문을 만들어 보자.

〈예시〉
12장 기억전략

1) 기억이 잘되는 상황과 그렇지 않은 상황 구분하기

2) 기억력 테스트

3) 기억의 과정에 대한 이해

4) 기억의 기본적 과정과 기억의 조건

5) 이미지 기억술을 통한 기억 한계 뛰어넘기

6) 조직화 기술

7) 마인드맵핑 기술

8) 기억술 적용하기

Q1.

Q2.

Q3.

3) 5분 예습 전략

✿ 예습의 가장 중요한 요령은 '**의문점이 생길 만큼만 개요 파악하기**'이다. 수업이 시작하기 전, 5분 동안 할 수 있는 간단한 예습 방법에 대해 생각해 보자.

(1)

(2)

(3)

4 신체 자세와 집중

1) 적절한 긴장감의 필요성

다음 중 긴장과 수행도 간의 관련성으로 적절한 것은 무엇인지 골라 보자.

①

②
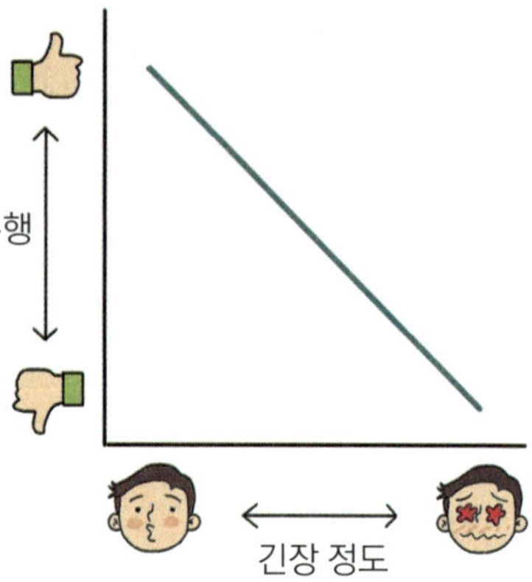

③
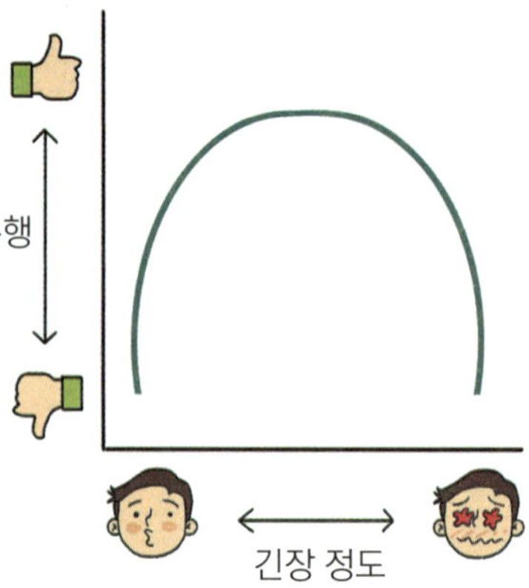

④
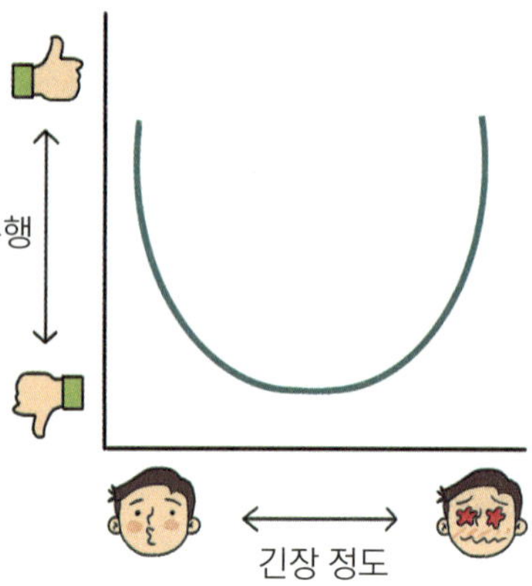

수업 중 적당한 긴장감을 유지하는 방법은 무엇이 있을지 생각해 보자.

2) 수업 자세의 중요성

주변을 한번 둘러보자. 수업을 진행하는 교수님이나 혹은 수업을 같이 듣고 있는 학생들끼리도 누가 수업에 제대로 집중하고 있는지 관찰을 통해서도 찾아낼 수 있다. 그 이유는 신체 자세가 집중과 밀접한 관련성이 있기 때문이다. 수업을 열심히 듣는 것은 마음으로만 되는 것이 아니다. 열심히 하겠다는 태도는 반드시 행동으로 드러나게 되어 있다.

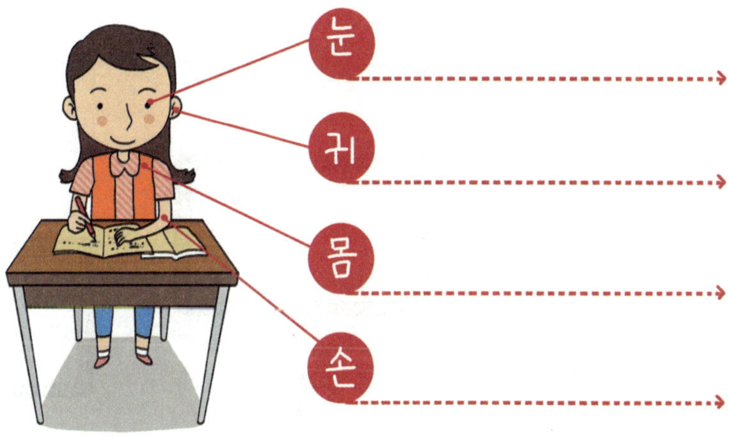

또한, 수업 중 계속 나쁜 자세로 앉아 있게 되면, ☐☐ ☐☐☐이 생길 수 있으므로, 바른 자세를 유지해야 한다.

연령대별 척추측만증 환자 진료인원 현황

(단위: 명, 2010년 기준)

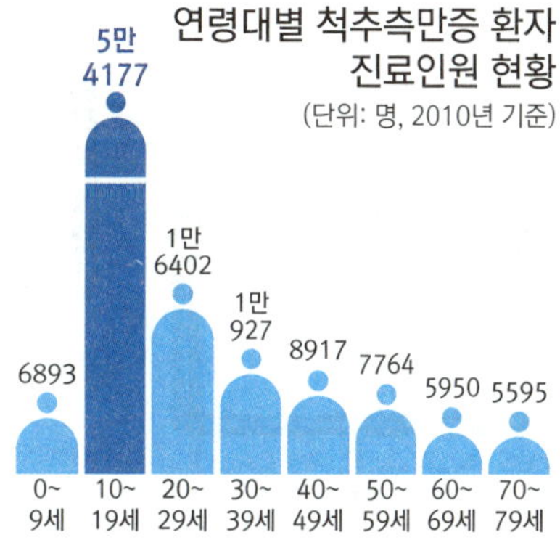

자료: 건강보험심사평가원

5 수업 중 핵심내용 찾기

수업을 듣다 보면 교수님의 말씀이나 행동에서 그날 중요한 것이 무엇인지를 알 수 있도록 해 주는 일종의 사인이 존재한다. 교수님이 다른 내용과 달리 특별히 강조하는 것은 그 내용이 다른 것보다 더 중요하고, 그만큼 시험에 나올 가능성이 높다는 일종의 표지판 역할을 하는 것이다. 예를 들어, '시험에 꼭 낼 거야.'와 같은 구두 표현이 있는가 하면, '목소리가 커진다.' '필기를 한다.'처럼 행동으로 표현되는 경우도 있다.

무엇이 있을까? 아래 표지판에 생각나는 만큼 적어 보고 함께 논의해 보자.

6 노트필기를 통한 집중력 높이기

수업시간에 올바른 자세를 유지하면서 수업 표지판에 따라 중요한 내용을 집중해서 들었다면, 그 내용을 중심으로 유용한 노트를 만들 수 있다.

1. 왜 필기를 하면 집중이 잘될까?

2. 노트필기의 효과

① 수업내용을 다 ☐☐ 할 수 없기 때문에 ☐☐ 을 남겨 둘 수 있다.

② 교수님이 강조한 내용을 따로 ☐☐ 해 둘 수 있다.

7 수업 직후 5분 복습전략

1) 복습의 방법

수업이 끝난 직후, 간단한 복습은 수업내용의 이해와 활용에 큰 도움을 준다. 다음과 같이 해 볼 수 있다.

• □□□ 의 답을 찾았는지 확인하기
• □□ 되지 않은 부분 표시하기
• □□□□ 점검하기

2) 반복학습

시험 때 기억나도록 배운 것을 담아 두려면 제일 중요한 것이 반복이다. 이렇게 짧은 예습과 수업에서의 집중, 그리고 짧은 복습을 거치면 자연스럽게 수업내용을 3번 반복해서 보는 효과를 얻을 수 있다.

8 수업에 집중이 안 될 때의 해결 방법

지금까지 수업에 집중할 수 있는 방법에 대해 알아보았다. 이번에는 실제 수업에서 집중하기 어려운 이유를 생각해 보고, 해결할 수 있는 방법에는 어떤 것들이 있는지 논의하고 정리해 보자.

평소 수업에 집중하기 어려웠던 이유	가능한 해결책
1)	
2)	
3)	

적용 과제

수업 듣기 기술 연습하기

✿ 이번 주 목표과목 중 하나를 정해서 수업 전 · 중 · 후 동안 해야 할 일을 적용해 보자.

수업 중 집중력 향상을 위한 수업 듣기	
수업 전	1. □□ 정리
	2. 수업 □□□ 챙기기
	3. □□ 하기
수업 중	1. 바른 □□ 유지하기
	2. 수업에 따라 내용 □□ 하기
	3. 수업 □□□ 찾기
수업 후	1. 의문점의 □ 을 찾고 □□ 하기
	2. 간단하게 □□ 하기

월 요 일 월 일

〈공부하기 전 체크포인트〉
- ☐ 진로목표와 주간계획 확인
- ☐ 오늘 해야 할 일의 우선순위 확인
- ☐ 스마트폰을 포함해 주변의 방해물 정리하기

Golden Time

과목(할 일)	분량(내용)
	시간 : ~ : 확인 ☐
	시간 : ~ : 확인 ☐
	시간 : ~ : 확인 ☐
	시간 : ~ : 확인 ☐
	시간 : ~ : 확인 ☐
	시간 : ~ : 확인 ☐
	시간 : ~ : 확인 ☐

토막시간 활용

1.

2.

여가 계획

MEMO

잡생각 휴지통

오늘 하루 평가

불만족 보통 만족

① ② ③ ④ ⑤

화 요 일　　　월　　　일

〈공부하기 전 체크포인트〉
- ☐ 진로목표와 주간계획 확인
- ☐ 오늘 해야 할 일의 우선순위 확인
- ☐ 스마트폰을 포함해 주변의 방해물 정리하기

Golden Time

과목(할 일)	분량(내용)
	시간 : ~ : 확인 ☐
	시간 : ~ : 확인 ☐
	시간 : ~ : 확인 ☐
	시간 : ~ : 확인 ☐
	시간 : ~ : 확인 ☐
	시간 : ~ : 확인 ☐
	시간 : ~ : 확인 ☐

토막시간 활용

1.

2.

여가 계획

MEMO

잡생각 휴지통

오늘 하루 평가

불만족　　보통　　만족

① ② ③ ④ ⑤

수 요 일 월 일

〈공부하기 전 체크포인트〉
- ☐ 진로목표와 주간계획 확인
- ☐ 오늘 해야 할 일의 우선순위 확인
- ☐ 스마트폰을 포함해 주변의 방해물 정리하기

Golden Time

과목(할 일)	분량(내용)
	시간 : ~ : 확인 ☐
	시간 : ~ : 확인 ☐
	시간 : ~ : 확인 ☐
	시간 : ~ : 확인 ☐
	시간 : ~ : 확인 ☐
	시간 : ~ : 확인 ☐
	시간 : ~ : 확인 ☐

토막시간 활용
1.
2.

여가 계획

MEMO

잡생각 휴지통

오늘 하루 평가
불만족 보통 만족
① ② ③ ④ ⑤

목 요 일 월 일

〈공부하기 전 체크포인트〉
- ☐ 진로목표와 주간계획 확인
- ☐ 오늘 해야 할 일의 우선순위 확인
- ☐ 스마트폰을 포함해 주변의 방해물 정리하기

Golden Time

과목(할 일)	분량(내용)
	시간 : ~ : 확인 ☐
	시간 : ~ : 확인 ☐
	시간 : ~ : 확인 ☐
	시간 : ~ : 확인 ☐
	시간 : ~ : 확인 ☐
	시간 : ~ : 확인 ☐
	시간 : ~ : 확인 ☐

토막시간 활용
1.
2.

여가 계획

MEMO

잡생각 휴지통

오늘 하루 평가
불만족 보통 만족
① ② ③ ④ ⑤

금 요 일 월 일

〈공부하기 전 체크포인트〉
- ☐ 진로목표와 주간계획 확인
- ☐ 오늘 해야 할 일의 우선순위 확인
- ☐ 스마트폰을 포함해 주변의 방해물 정리하기

Golden Time

과목(할 일)	분량(내용)
	시간 : ~ : 확인 ☐
	시간 : ~ : 확인 ☐
	시간 : ~ : 확인 ☐
	시간 : ~ : 확인 ☐
	시간 : ~ : 확인 ☐
	시간 : ~ : 확인 ☐
	시간 : ~ : 확인 ☐

토막시간 활용

1.

2.

여가 계획

MEMO

잡생각 휴지통

오늘 하루 평가

불만족 보통 만족

① ② ③ ④ ⑤

토 요 일

월 일

〈공부하기 전 체크포인트〉

- ☐ 진로목표와 주간계획 확인
- ☐ 오늘 해야 할 일의 우선순위 확인
- ☐ 스마트폰을 포함해 주변의 방해물 정리하기

Golden Time

과목(할 일)	분량(내용)
	시간 : ~ : 확인 ☐
	시간 : ~ : 확인 ☐
	시간 : ~ : 확인 ☐
	시간 : ~ : 확인 ☐
	시간 : ~ : 확인 ☐
	시간 : ~ : 확인 ☐
	시간 : ~ : 확인 ☐

토막시간 활용

1.

2.

여가 계획

MEMO

잡생각 휴지통

오늘 하루 평가

불만족 보통 만족

① ② ③ ④ ⑤

일 요 일 월 일

〈공부하기 전 체크포인트〉
- ☐ 진로목표와 주간계획 확인
- ☐ 오늘 해야 할 일의 우선순위 확인
- ☐ 스마트폰을 포함해 주변의 방해물 정리하기

Golden Time

과목(할 일)	분량(내용)
	시간 : ~ : 확인 ☐
	시간 : ~ : 확인 ☐
	시간 : ~ : 확인 ☐
	시간 : ~ : 확인 ☐
	시간 : ~ : 확인 ☐
	시간 : ~ : 확인 ☐
	시간 : ~ : 확인 ☐

토막시간 활용

1.

2.

여가 계획

MEMO

잡생각 휴지통

오늘 하루 평가

불만족 ① ② ③ 보통 ④ ⑤ 만족

제10장

노트 필기 전략

코넬노트 필기 기술과
적용, 활용

지난 시간 내용 정리

- 수업에 집중하는 것에서 얻는 장점은 무엇인가?
- 예습의 목적과 방법은 무엇인가?
- 수업 중 적절한 긴장감을 유지할 수 있는 방법은 무엇인가?
- 수업 후 복습 방법은 무엇인가?
- 이전 시간에는 수업시간에 집중하기 위한 몇 가지 전략에 대해 살펴보았다. 수업을 전-중-후로 나누었을 때 어떤 방법을 적용해 보았고 그 결과는 어떠했는지 논의해 보자.

토론 자료

기억의 왜곡 가능성

음식을 제대로 보관하지 않고 오랫동안 그냥 두면 원래의 맛과 향이 사라지고 상하게 된다. 그런데, 음식만 상하는 게 아니다. 사람의 기억도 그렇게 될 수 있다. 기억이 상한다는 표현은 좀 어색한데, 보다 정확하게 얘기하면 기억은 시간이 지나면 '왜곡'된다.

대학생들에게 수업시간에 다음과 같은 이야기를 들려주었다. '하인츠라는 남자가 불치병에 걸린 아내를 치료하기 위해 백방으로 치료약을 찾으러 다녔다. 마침 한 약사가 그 병을 치료할 수 있는 약을 가지고 있다는 것을 알게 되었는데, 그는 파렴치하게도 다른 약보다 수십 배 높은 가격으로 그 약을 판매하고 있었다. 하인츠가 가진 돈으로는 도저히 살 수 없는 가격이었기 때문에 나중에라도 갚겠다고 사정을 했지만 들어주지 않았다. 하인츠는 절망감에 빠졌고, 한밤중에 몰래 약국 문을 부수고 들어가 약을 훔치고 말았다.'

이 이야기를 들려준 다음 한 달이 지난 후, 다음과 같은 문제를 냈다. '하인츠의 이야기를 요약해서 쓰고 그의 행동이 과연 정당한 것인지 판단해 보시오.'

비교적 정확히 이 이야기를 기억해서 쓴 학생들은 죽어 가는 아내를 살리기 위한 하인츠의 노력에 초점을 맞추어 그의 행동이 정당하다는 주장을 펼쳤다. 하지만, 일부 학생들은 너무나도 엉뚱하게 스토리를 기억하고 있었다. '하인츠가 약을 훔치기 위해 약사를 살해했다.' '약 살 돈을 구하기 위해 은행을 털었던 것 같다.' '결국 약을 구하지 못해 아내가 죽고 말았다.' 등 원래의 내용과는 거리가 먼 왜곡된 기억을 가지고 있었다. 하인츠의 딱한 사정을 제대로 기억하고 있지 못했기 때문에 그의 행동에 대해서도 '부도덕하고 잘못된' 것으로 판단하게 되었던 것이다.

기억을 왜곡했던 학생들의 공통점은 그 내용을 시험 때까지 다시 확인하지 않았던 것이었다. 그 이야기를 들으면서 느꼈던 느낌이나 연상된 내용, 그리고 한 달 동안 생활하면서 겪었던 많은 일들이 마치 곰팡이처럼 원래의 기억에 내려앉아 엉뚱한 방식으로 기억하게 만들었던 것이다.

이런 기억의 왜곡은 아주 쉽게 만들 수 있다. 예를 들어, 친구에게 '오늘 점심에 우리 생선 먹었지?'라는 질문을 한다. 실제로는 돼지고기 반찬을 먹었기 때문에 그 친구는 '아니, 돼지고기였던 것 같은데.'라고 대답을 할 것이다. 하지만, 또다시 물어본다. '정말이야? 생선 먹었던 것 같은데, 생선 아닌가? 난 역시 생선이 좋은데.'라고 말한다. 그리고, 일주일 정도 시간이 지난 다음, 다시 물어본다. '지난주에 같이 점심으로 생선 먹었지?'

아주 중요한 일이 아닌 경우, 사람들은 대충의 기억만 만들어 놓는 경향이 있다. 그리고 그 사실을 잊어버린다. 매일 먹는 반찬을 외우는 사람은 없기 때문에 대충 기억하게 되는데, 대화의 내용에서 '생선'을 반복해서 듣게 되면 결국 더 기억나는 것은 생선이 되는 것이다. 그래서 실제의 대답도 '잘 기억 안 나지만 그랬던 것 같다.'고 가짜 기억이 만들어질 수 있는 것이다. 특히, 시험처럼 혼란스러운 상황일수록 기억은 더 잘 왜곡된다.

이런 기억의 왜곡이 평소 공부할 때에도 자주 일어난다. 처음에 아예 잘못 이해해서 생긴 것일 수도 있지만, 복습을 하지 않아 기억의 정확도가 떨어지는 경우가 대부분이다. 정확한 기억이 있으려면 정확한 기록이 있어야 한다.

말은 무상하게 지나가며, 쓰여진 글은 남는다(verba volent, littera scripta manet)

- 로마의 시인 호라티우스(Horatius, BC 65-8)

토론하기

한번 들었던 수업내용이 시간이 지난 후 엉뚱하게 기억났던 경우를 떠올려 보자. 혹은 오해한 내용을 기억했다가 시험 때 실수했던 적이 있었는지 논의해 보자.

노트 기술 체크리스트

문항	✓
1. 중요한 과목별로 노트를 가지고 있다.	
2. 수업시간에 중요한 것 위주로 필기한다.	
3. 나중에 봐도 알아보기 쉽게 정리한다.	
4. 교수님이 강조한 내용은 따로 표시한다.	
5. 노트에 불필요한 낙서나 그림을 그리지 않는다.	
6. 노트를 가지고 복습에 활용한다.	
7. 중요한 부분을 알아보기 위한 나만의 기호가 있다.	
8. 내 노트를 통해 시험 문제를 예상할 수 있다.	

점수	평가
7 ~ 8점	우수함
5 ~ 6점	좋은 습관이 많은 편
3 ~ 4점	다소 부족
2점 이하	노트를 거의 활용하지 못하고 있음

1 자기 노트의 유형과 평가

자신의 노트를 펼쳐 보자. 노트필기를 할 때 자신이 사용하고 있는 내용과 방법을 점검해 본 다음, 내 노트에서 잘된 점과 앞으로 고쳐야 할 점에 대해 논의해 보자.

잘된 점은...

앞으로 보완해야 할 점은...

2 노트필기의 중요성

노트필기는 왜 해야 하는가? 수업을 집중해서 열심히 듣고 나면 그것을 알아볼 수 있는 '증거'가 남게 되는데, 그것이 바로 '노트'이다. 어떤 사람들은 수업을 열심히 들었다면 굳이 손 아프게 노트필기를 할 필요가 없다고 말하기도 한다. 정말 그럴까? 그렇다면 우리는 왜 노트필기를 해야 하는 것일까?

1
우리의 □□ 에는 한계가 많다.
정확한 □□ 을 위해 기록을 남겨 두어야 한다.

2
필기를 하면 수업내용에 더 □□ 할 수 있다.

3
시간이 지날수록 □□□ 은 계속 증가한다.
아무리 머리가 좋다고 하더라도 그 많은 내용들을 제대로 □□ 하지 않으면 모두 기억할 수 없다.

4
잘 정리된 노트는 □□ 과 □□ 을 준비할 때 최고의 도구가 된다.

3 효과적인 노트의 기준은?

1) 좋은 노트는 다음의 4가지 요소들을 포함하고 있다.

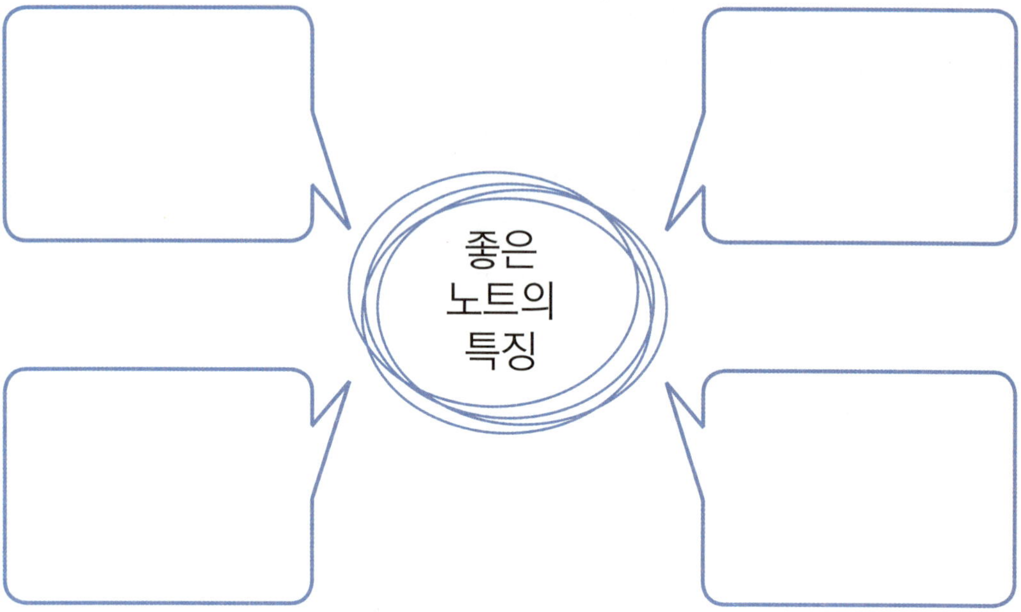

2) 직접 작성한 노트의 학습효과가 더 높은 이유는 무엇일까?

- 스스로 □□ 했기 때문에 더 잘 □□ 가 된다.
- 더 □□ 한 내용과 덜 □□ 한 내용을 구분할 수 있다.
- 담당 교수님 수업을 들으며 만들었기 때문에 더 많은 문제를 □□ 할 수 있다.
- 해당 과목에서 자신의 □□□ 을 쉽게 파악할 수 있다.

4 코넬노트법

1) 기본 구성

핵심 단어 칸	수업내용 정리 칸
수업내용 정리 칸에서 ______ 단어만 뽑아서 정리	□□□□ 을 중심으로 수업내용을 적기
	□□□□ 붙이고 □□□□ 를 사용하면서 내용 정리하기
수업 ______ 에 정리하고, 집에서 복습할 때 한 번 더 정리	중요한 내용에는 따로 □□□□
	복습할 때 자유롭게 내용 첨삭을 할 수 있도록 □□□□ 을 비워 두기

코넬노트란 위에서 볼 수 있듯이 노트의 왼쪽 부분에 2~4cm 정도의 선을 그은 후 핵심 단어 칸과 수업내용 정리 칸으로 나누어 정리하는 방법이다. 수업내용 중에서 중요한 내용을 따로 정리할 수 있다는 장점이 있다. 중요한 핵심 내용과 설명 부분의 구분이 가능하기 때문에 복습에 아주 유용한 노트 형식이라고 할 수 있다.

2) 수업내용 정리 칸 작성 방법

학교 수업을 들으면서 코넬노트에 필기를 할 때, 먼저 수업내용 정리 칸에 내용을 적는다. 수업을 들으면서 동시에 필기를 하는 것이 결코 쉬운 일은 아니지만, 다음의 단계를 따라가다 보면 보다 쉽게 필기할 수 있을 것이다.

핵심 단어 칸	수업내용 정리 칸

(1) 1단계

- 가장 먼저 그날 배울 내용의 □□을 눈에 잘 보이게 기록한다.
- 대단원, 중단원, 소단원 등을 구분하여 기록한다.

(2) 2단계

- 그 단원의 □□□□를 기록한다.
- 학습목표에는 그날 수업의 가장 핵심적인 내용들이 포함되어 있으므로, 반드시 필기하도록 한다.

(3) 3단계

- 수업을 들으며 □□□ 내용을 수업내용 정리 칸에 필기한다.
- 수업시간의 필기가 노트 필기의 끝이 아니므로(나중에 다시 보충해야 하기 때문에) □□을 넉넉히 두면서 필기한다.

(4) 4단계

- 필기를 할 때에는 □□□□를 붙이고, □□□□를 해 가면서 적도록 한다.

(5) 5단계

- 잘못 필기한 부분은 지우지 않는다. 대신 □□□을 긋고 고친 내용을 그 위에 다시 적는다.

• 단순히 맞춤법이 틀렸거나 하는 경우에는 지우개나 화이트를 사용한다.

(6) 6단계

• 수업 중 교수님이 강조한 부분, 반복해서 설명하는 부분은 확실하게 □□ 표시를 한다.

(7) 7단계

• 수업 중 중요하다고 생각되는 □□ 이나 □□□ 등은 직접 그려 보도록 한다. 다만 꼭 수업 중에 그릴 필요는 없으며, 수업 후 복습하는 과정에서 그려 본다.

(8) 8단계

• 수업 중에 제시되는 다양한 정보와 사실뿐만 아니라 그에 대한 □□ 도 필기해 본다.

3) 핵심 단어 칸 작성 방법

앞의 8단계에 따라 수업내용 정리 칸의 필기를 마치면, 핵심 단어 칸을 기록한다. 핵심 단어 칸은 수업내용 정리 칸에서 '수업내용을 떠오를 수 있게 하는 힌트'가 되는 핵심 단어를 찾아서 적는 것이 중요하다. 핵심 단어를 찾는 요령은 다음과 같다.

핵심 단어 칸	수업내용 정리 칸

• 교수님이 수업 중에 □□ 적으로 이야기한 단어

• 학습목표, 목차, 제목 등에 포함되어 있는 단어

• 교과서에 □□ 표시되어 있거나 □□ 된 단어

5 노트 연습

지금부터 코넬노트를 작성해 보도록 하자. 먼저 제시되는 예문을 천천히 읽고, '자신이라면 어떻게 노트 필기를 할까?'에 대해서 한번 생각해 보자.

1. 인구 성장과 인구 이동

1) 인구가 성장하는 과정

인구가 증가하거나 감소하는 것을 어떻게 알 수 있을까? 우선 한 국가의 인구가 증가했을 경우를 생각해 보자. 인구가 증가했다는 것은 태어나는 사람이 죽는 사람에 비해 많다는 뜻임을 쉽게 짐작할 수 있다. 이와 반대로 인구가 감소했다면 태어나는 사람보다 죽는 사람이 많은 경우일 것이다. 이처럼 인구의 규모는 기본적으로 출생과 사망에 의해 결정된다. 세계 전체의 인구 성장도 출생자 수에서 사망자 수를 뺀 값인 자연증감에 의해 결정된다. 그런데 지역 단위에서는 자연증감 외에도 인구 규모에 영향을 주는 또 다른 요인으로 인구 이동이 있다. 국제적인 인구이동에서는 이민, 국내 인구 이동에서는 전입과 전출이 있는데, 이에 의해서도 인구 규모는 커지기도 하고 작아지기도 한다. 인구 성장이나 감소는 한 국가의 생존과 관련되며 직접적으로는 생산과 소비에 영향을 미치기 때문에 사회발전과도 밀접한 관련이 있다. 따라서 증가든 감소든 지나친 인구 변화는 바람직하지 않은 현상이다.

2) 인구 성장 모형

인구 성장 모형 중 1단계는 출생률과 사망률이 모두 높아 인구가 그다지 증가하지 않는 단계로, 현재는 아프리카, 아시아, 라틴아메리카에 살고 있는 몇몇 원주민 집단에서 찾아볼 수 있다. 2단계는 의학이 발달하고 생활환경이 개선되면서 사망률이 급격히 낮아져 인구가 폭발적으로 증가하는 시기이다. 현재는 아프리카의 여러 국가들과 아시아의 개발도상국들이 이에 해당한다. 3단계는 산업화의 진행으로 여성들의 사회 참여가 일반화되면서 결혼 연령이 높아지고, 가족계획이 실시되면서 출생률이 급격하게 감소하는 시기로 인구 증가는 차츰 둔화된다. 서양에서는 19세기 중반에 나타났으며, 현재는 몇몇 개발도상국에서 나타나고 있다. 4단계는 출생률과 사망률이 모두 낮아지기 때문에 인구가 정체하는 시기로, 현재 선진국에서 나타나고 있다.

• 앞의 내용을 코넬노트 형태로 옮기면 다음과 같이 바꿀 수 있다.

핵심 단어 칸	수업(본문) 내용 정리 칸
	I. 인구성장과 인구이동
	학습목표 – 인구성장과 인구이동에 대해 알아보자.
	– 인구성장모형을 이해하고 각 단계에 해당하는 예를 생각해 보자.
	1 인구가 성장하는 과정
	* 인구의 규모는 출생과 사망에 의해 결정
세계 인구증감 계산일	① 세계의 인구 증감 = 1년간 출생자 수 → 1년간 사망자 수
	▶ 이를 ~~자연적증감~~이라 함 ★자연증감
국가 인구증감 계산법	② 국가의 인구 증감 = 출생자 수 – 사망자 수 ± 인구이동
	▶ 인구이동 a. 국제 인구이동 : 이민
	b. 국내 인구이동 : 전입, 전출
	③ 우리나라에서 인구 증가율이 가장 큰 지역 : 수도권
	▶ 그 이유는? 자연증가 + 전입자 > 전출자
	❓ 증가율이 가장 작은 곳은 어디일까?
인구성장모형 I~IV단계	**2 인구성장모형** ★★★
	① I단계 : 출생률과 사망률이 모두 높음 → 인구증가가 크지 않음
	ex. 아프리카, 아시아, 라틴아메리카의 원주민 집단
	① II단계 : 의학발달, 생활환경 개선 등으로 사망률 감소 → 인구 폭발
	ex. 아프리카, 아시아의 개발도상국
	① III단계 : 여성의 사회참여, 가족계획으로 출생률 감소 → 인구증가 둔화
	ex. 몇몇 개발도상국 ❓ 어떤 국가들이 여기에 해당할까?
	① IV단계 : 출생률과 사망률이 모두 감소 – 인구 정체
	ex. 선진국 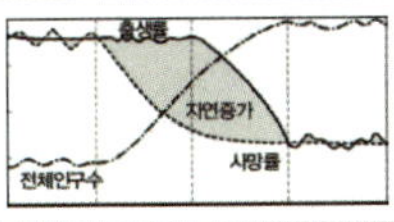 느낌! 우리나라는 3 → 4단계로 가는 중이겠지.

6 노트 적용하기

1) 먼저 아래의 내용을 꼼꼼히 읽어 보자.

<효과적인 기억전략>

가끔 우리는 지금 하고 있는 것에 대한 의식적 자각 없이 효과적으로 기억과정을 실행한다. 예를 들어, 재미있는 소설을 읽을 때 우리는 소설 속의 사건과 내 실생활의 유사사건을 자동적으로 연결시킨다. 그러나 심리학자들이 학습전략이라는 용어를 사용할 때는 특정 학습과제의 수행과정에서 하나 이상의 인지적 과정을 의도적으로 사용하는 것을 의미한다. 새로운 내용을 학습하고 기억하기 위해 사람들은 '머릿속에서' 많은 것을 한다. 그런데 특정 전략은 다른 것보다 분명히 더 효과적이다. 다음에서 이러한 효과적인 전략들에 대해 살펴보자.

(1) 유의미학습(meaningful learning)

새로운 정보를 기존에 가지고 있던 유사하고 유관한 정보와 연합하여 장기기억에 저장하는 것을 유의미학습이라고 한다. 유의미학습은 장기기억에 이미 저장되어 있는 지식과 새로운 자료를 연결시키는 과정이며, 저장과 인출 모두를 촉진하는 것으로 나타났다. 이렇게 학습된 정보는 더 빨리 저장되고 더 쉽게 기억된다는 것이 실험을 통해서도 밝혀졌다.

(2) 정교화(elaboration)

정교화는 사전지식을 새로운 자료를 해석하고 확장하는 데 사용하는 과정으로, 기억해야 할 항목을 추가 정보와 함께 윤색하는 것을 말한다. 새로운 정보를 받아들일 때, 거기에 가정을 하고 추론을 하는 것과 같이 자기 나름의 해석을 붙이고, 기존의 지식에 적용시켜 본다면 정교화 학습을 했다고 말할 수 있다.

유의미학습과 정교화가 비슷하게 생각될 수 있지만, 유의미학습은 새로운 정보를 기존의 정보에 연결하는 것이라면, 정교화는 새로운 정보를 학습자가 윤색하는 과정을 포함한다.

정교화가 장기기억을 촉진시키는 이유는 다음과 같다. 첫째, 정교화된 정보는 장기기억 안에 저장된 다른 유사한 정보와 혼동이 덜 된다. 둘째, 정교화는 정보가 이후에 인출될 수 있게 하는 추가된 수단을 제공한다. 셋째, 정교화는 정보 자체만으로 정확하게 회상할 수 없을 때, 그 정보가 무엇일 것 같은지를 추론하는 데 도움이 될 수 있다.

(3) 조직화(organization)

조직화는 관련 있는 내용을 공통 범주나 유형으로 묶는 과정이다. 다양한 정보 조각들을 어떤 방식으로 서로 연결할 때, 즉 그 정보가 내적 조직화되어 학습될 때, 새로운 정보를 효과적으로 저장하고 더 완벽하게 기억할 수 있다. 학생들에게 특정의 조직화된 도식을 제공하는 것은 학생들이 더 효과적으로 학습할 수 있도록 돕는다.

2) 코넬노트로 필기하기

앞에서 배운 좋은 노트의 4가지 특징과 방금 전 배운 코넬노트의 절차에 따라 제시된 예문을 요약해 보자.

7 노트 활용 방법과 복습

1) 내용 보충하기

수업내용 정리 칸과 핵심 단어 칸에 적힌 내용들을 집중해서 읽고, 제대로 이해하지 못했던 부분이 있다면 참고 도서나 다른 사람들의 도움을 얻어서 이해하도록 한다.

1. □□□ 단어, □□한 내용을 찾아서 노트에 적는다.
2. 중요하다고 생각되는 부분에 자신만의 □□를 한다.
3. □□□□ 칸을 한 번 더 정리한다.

2) 암송하기

배운 내용을 정리하고 이해하는 것만으로는 기억을 단단히 만들 수 없다. 암송은 기억을 가장 확실하게 해 주는 방법으로, 제대로 기억한 내용과 기억하지 못한 부분을 정확하게 확인할 수 있도록 도와준다.

1. □□□□ □□ 칸에 있는 내용들을 2~3번 정독한다.
2. 정독하면서 중요한 내용들을 □□한다.
3. 수업내용 정리 칸을 가리고 핵심 단어 칸만 보면서 □□해 본다.

3) 반복학습

복습을 한 번에 오래하는 것보다 짧게 반복하는 것이 기억에 도움이 된다.

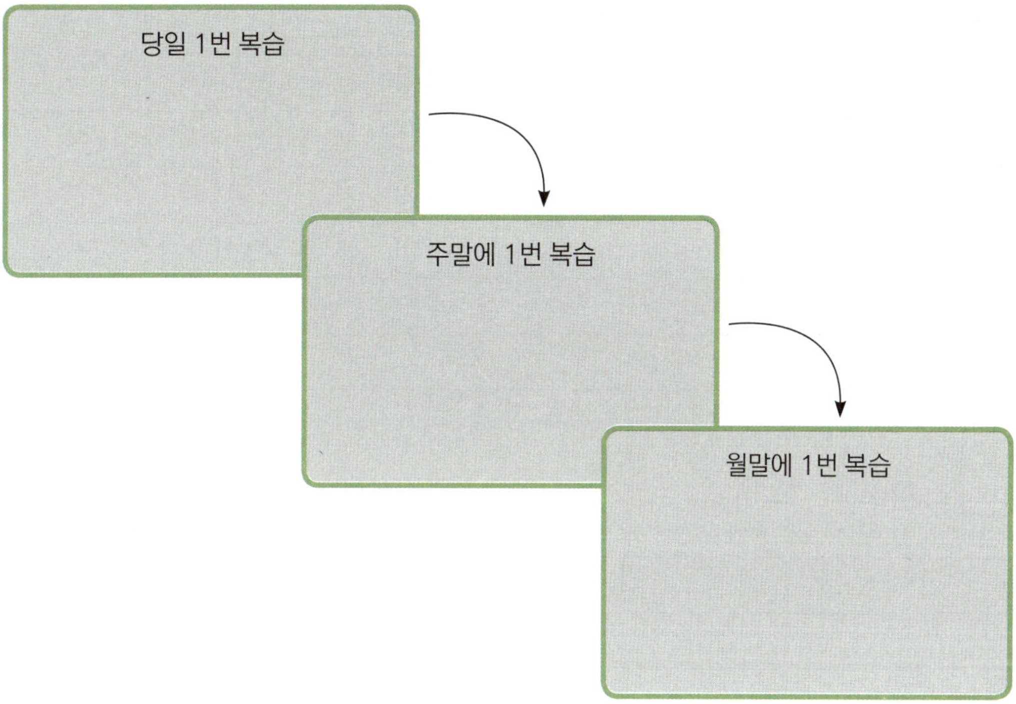

자신에게 적합한 반복 간격을 구상해 보자.

8 과제: 노트 적용하기

현재 가지고 있는 실제 교과서를 펼쳐서 코넬노트를 적용해 보자. 이미 들었던 수업도 상관없다.

적용 과제

목표과목을 노트에 필기하기

이번 한 주 동안 목표과목을 하나 정해 필기하고, 복습에 활용해 보자.

월 요 일 　　월　　일

〈공부하기 전 체크포인트〉
- ☐ 진로목표와 주간계획 확인
- ☐ 오늘 해야 할 일의 우선순위 확인
- ☐ 스마트폰을 포함해 주변의 방해물 정리하기

Golden Time

과목(할 일)	분량(내용)
	시간 : ~ : 확인 ☐
	시간 : ~ : 확인 ☐
	시간 : ~ : 확인 ☐
	시간 : ~ : 확인 ☐
	시간 : ~ : 확인 ☐
	시간 : ~ : 확인 ☐
	시간 : ~ : 확인 ☐

토막시간 활용

1.

2.

여가 계획

MEMO

잡생각 휴지통

오늘 하루 평가

불만족 　 보통 　 만족

① ② ③ ④ ⑤

화 요 일　　월　　일

〈공부하기 전 체크포인트〉
- ☐ 진로목표와 주간계획 확인
- ☐ 오늘 해야 할 일의 우선순위 확인
- ☐ 스마트폰을 포함해 주변의 방해물 정리하기

Golden Time

과목(할 일)	분량(내용)
	시간 : ~ : 확인 ☐
	시간 : ~ : 확인 ☐
	시간 : ~ : 확인 ☐
	시간 : ~ : 확인 ☐
	시간 : ~ : 확인 ☐
	시간 : ~ : 확인 ☐
	시간 : ~ : 확인 ☐

토막시간 활용
1.
2.

여가 계획

MEMO

잡생각 휴지통

오늘 하루 평가
불만족 보통 만족

① ② ③ ④ ⑤

수 요 일　　월　　일

〈공부하기 전 체크포인트〉
- ☐ 진로목표와 주간계획 확인
- ☐ 오늘 해야 할 일의 우선순위 확인
- ☐ 스마트폰을 포함해 주변의 방해물 정리하기

Golden Time

과목(할 일)	분량(내용)
	시간 : ~ : 확인 ☐
	시간 : ~ : 확인 ☐
	시간 : ~ : 확인 ☐
	시간 : ~ : 확인 ☐
	시간 : ~ : 확인 ☐
	시간 : ~ : 확인 ☐
	시간 : ~ : 확인 ☐

토막시간 활용

1.

2.

여가 계획

MEMO

잡생각 휴지통

오늘 하루 평가

불만족　보통　만족

① ② ③ ④ ⑤

목 요 일 월 일

〈공부하기 전 체크포인트〉

- ☐ 진로목표와 주간계획 확인
- ☐ 오늘 해야 할 일의 우선순위 확인
- ☐ 스마트폰을 포함해 주변의 방해물 정리하기

Golden Time

과목(할 일)	분량(내용)
	시간 : ~ : 확인 ☐
	시간 : ~ : 확인 ☐
	시간 : ~ : 확인 ☐
	시간 : ~ : 확인 ☐
	시간 : ~ : 확인 ☐
	시간 : ~ : 확인 ☐
	시간 : ~ : 확인 ☐

토막시간 활용

1.

2.

여가 계획

MEMO

잡생각 휴지통

오늘 하루 평가

불만족 보통 만족

① ② ③ ④ ⑤

금 요 일 월 일

〈공부하기 전 체크포인트〉
- ☐ 진로목표와 주간계획 확인
- ☐ 오늘 해야 할 일의 우선순위 확인
- ☐ 스마트폰을 포함해 주변의 방해물 정리하기

Golden Time

과목(할 일)	분량(내용)
	시간 : ~ : 확인 ☐
	시간 : ~ : 확인 ☐
	시간 : ~ : 확인 ☐
	시간 : ~ : 확인 ☐
	시간 : ~ : 확인 ☐
	시간 : ~ : 확인 ☐
	시간 : ~ : 확인 ☐

토막시간 활용

1.

2.

여가 계획

MEMO

잡생각 휴지통

오늘 하루 평가

불만족 보통 만족

① ② ③ ④ ⑤

토 요 일 월 일

〈공부하기 전 체크포인트〉
- ☐ 진로목표와 주간계획 확인
- ☐ 오늘 해야 할 일의 우선순위 확인
- ☐ 스마트폰을 포함해 주변의 방해물 정리하기

Golden Time

과목(할 일)	분량(내용)
	시간 : ~ : 확인 ☐
	시간 : ~ : 확인 ☐
	시간 : ~ : 확인 ☐
	시간 : ~ : 확인 ☐
	시간 : ~ : 확인 ☐
	시간 : ~ : 확인 ☐
	시간 : ~ : 확인 ☐

토막시간 활용

1.

2.

여가 계획

MEMO

잡생각 휴지통

오늘 하루 평가

불만족 보통 만족

① ② ③ ④ ⑤

일 요 일 월 일

〈공부하기 전 체크포인트〉
- ☐ 진로목표와 주간계획 확인
- ☐ 오늘 해야 할 일의 우선순위 확인
- ☐ 스마트폰을 포함해 주변의 방해물 정리하기

Golden Time

과목(할 일)	분량(내용)
	시간 : ~ : 확인 ☐
	시간 : ~ : 확인 ☐
	시간 : ~ : 확인 ☐
	시간 : ~ : 확인 ☐
	시간 : ~ : 확인 ☐
	시간 : ~ : 확인 ☐
	시간 : ~ : 확인 ☐

토막시간 활용
1.
2.

여가 계획

MEMO

잡생각 휴지통

오늘 하루 평가
불만족 보통 만족
① ② ③ ④ ⑤

제11장

책 읽기 전략

PQ3R 기술의
이해와 적용

지난 시간 내용 정리

- 일주일간 플래너를 작성하고 실천했던 경험에 대해 함께 논의해 보자. 성취도 그래프에는 어떤 변화가 있는가? 어떤 점이 도움이 되었고 어떤 점이 어려웠는가?

- 효과적인 노트란 어떤 것인가?

- 코넬노트의 기본 구성은 무엇인가?

- 노트를 활용한 복습 방법이란 무엇인가?

- 이전 시간에 배운 노트법을 적용했던 노트를 꺼내서 작성 시 어려웠던 점과 노트의 효과에 대해 논의해 보자.

토론 자료

두뇌의 사용

과학자 윌리엄 제임스는 보통 사람은 뇌의 10%밖에 사용하지 못하며, 천재들도 15~25%만을 사용한다고 주장했다.

이러한 주장이 나오게 된 것은 뇌의 해부학적인 특징에 대해 이해하기 시작하면서부터이다. 현미경을 통해 뇌 조직을 관찰해 보면, 뉴런이라고 불리는 뇌에서 정보처리를 담당하는 신경세포를 볼 수 있다. 그런데, 초기의 학자들은 뉴런보다 크기도 작고 훨씬 숫자도 많은 어떤 세포들이 존재한다는 것을 발견했다. 뇌의 90% 정도를 차지하는 것으로 보이는 이 세포를 관찰하니 뉴런에 비해 크기도 작을뿐더러 뉴런의 기능을 하지도 못하였다. 그래서 이런 세포들을 사용할 수 없는 미성숙한 뉴런으로 생각하였던 것이다. 그 결과 뇌의 90% 이상이 방치되고 있다는 주장이 나오게 된 것이다.

그러나 현대 뇌과학에서는 이 세포들을 '아교세포'라고 부르며, 뇌에서 매우 중요한 별도의 기능을 하고 있다는 사실을 밝혀냈다. 뇌 속에서 상하좌우로 연결된 뉴런을 붙잡아 단단히 연결해 주고, 영양을 공급하고 노폐물을 청소하는 등 뉴런들이 정보를 주고받는 데 중요한 역할을 하고 있었던 것이다. 우주에서 가장 복잡하고 신비한 기관인 우리 두뇌는 생각보다 훨씬 더 잘 활용되고 있는 것이 확실하다.

하지만 이러한 사실이, 우리의 뇌가 항상 최상의 상태라는 것을 뜻하는 것은 아니다. 뉴런은 많이 사용하면 할수록 그 연결의 정도가 조밀하고 복잡해진다. 뉴런 간의 연결이 복잡하다는 것은 그만큼 많은 정보를 정교하게 처리할 수 있다는 것이다. 그런데 공부를 게을리하고 머리를 잘 사용하지 않는 사람은 그런 연결이 발달되지 않는다. 특히, 나이가 어릴수록 이런 뉴런 간의 발달이 잘 일어나기 때문에 젊은 시기에 책을 많이 읽고 생각을 넓게 키워야만 이후의 삶에서 뛰어난 두뇌를 가질 수 있게 되는 것이다.

토론하기

뇌를 적극적으로 사용할 수 있는 방법에는 어떤 것들이 있을지 논의해 보자.

책 읽기 체크리스트

문항	✓
1. 책을 읽고 나면 요점이 무엇인지 파악할 수 있다.	
2. 본문을 읽기 전에 목차를 먼저 본다.	
3. 내용이 어려울 때는 더 천천히 읽는다.	
4. 중요한 부분에 밑줄을 긋거나 따로 표시를 한다.	
5. 이해가 안 되면 여러 번 반복해서 읽는다.	
6. 표나 그림, 그래프를 빼놓지 않고 확인한다.	
7. 책을 다 읽고 나면 읽은 내용을 머릿속으로 정리한다.	
8. 나중에 보기 편하도록 이해한 내용을 노트나 책의 여백에 적는다.	

7 ~ 8점	매우 우수한 편
5 ~ 6점	좋은 습관이 많은 편
3 ~ 4점	고쳐야 할 습관이 있음
2점 이하	책 읽기 능력이 취약함

1 책 읽기 능력 점검하기

1) 자신은 책을 잘 읽고 있다고 느끼는가? 아닌가? 그 이유를 말해 보자.

나는 책을 잘 읽는 사람이다	나는 책을 잘 읽지 못한다
그 이유는?	그 이유는?

2) 전공 이외에 최근에 읽은 책은 무엇인가? 책의 줄거리와 이에 대한 생각을 말해 보자.

2 독서 테스트

30초 동안 다음의 글을 읽고 요지를 파악해 보자.

사람이 살아가기 위해서는 많은 것들이 필요하다. 우선 기본적인 욕구를 해결하고 환경에 적응하려면 의식주, 교통 및 통신수단과 같은 물질적인 것이 있어야 한다. 그리고 사회 전체의 질서를 지키기 위해 가족, 정치, 경제, 법, 교육 등의 사회 제도를 마련해야 할 것이다. 또한 삶을 보다 풍요롭게 하기 위해서 학문, 종교, 예술 등의 활동을 하기도 한다. 이와 같이 한 사회의 구성원들이 가지고 있는 공통의 생활모습 또는 행동양식을 **문화**라고 한다.

인간은 여러 사회화 기관에서 다른 사람과의 상호작용을 통해 문화를 **학습**한다. 따라서 졸려서 하품을 하거나, 배가 고파서 먹는 행동 등은 본능적인 것이기 때문에 문화라고 하지 않는다. 한 사회의 문화는 말과 글을 통해서 한 세대에서 다음 세대로 계속 전달되면서 오랫동안 **축적**된다.

이렇듯, 인간이라면 누구나 음식을 먹고 언어를 사용하며 종교 및 예술활동을 한다. 이러한 인간의 공통적인 생활모습으로 인하여 어느 사회에서나 **보편**적인 문화 현상이 나타난다. 하지만 각 사회의 구성원들은 주어진 특수한 환경과 상황에 적응하면서 나름의 생활방식을 개발해 왔다. 이와 같이 지역마다 생활모습이 다르기 때문에 문화는 다양하게 존재하는 것이다.

어느 사회에서든지 볼 수 있는 보편적인 생활양식이 있지만 각 지역마다 다양한 생활모습이 나타나기 때문에 우리는 문화를 서로 비교할 수 있다. 각 사회의 문화를 서로 비교하여 공통점과 차이점을 명확히 구별하면 그 사회의 문화를 보다 잘 이해할 수 있다. 문화를 비교할 때 주의할 점은 문화 간에 우열을 가려서는 안 된다는 것이다. 각 사회의 다양한 문화는 고유의 가치와 의미를 가지고 있기 때문에 어떤 절대적인 기준에 의해 판단될 수 없다.

대부분의 사람들은 자신에게 익숙한 생활모습이 옳고 좋은 것이며, 다른 사회의 낯선 생활모습은 그르고 나쁜 것이라고 생각하는 경향이 있다. 이처럼 자신의 문화를 기준으로 삼아 다른 사회의 문화를 부정적으로 평가하고 자신이 속한 문화를 가장 우수하다고 믿는 태도를 **자문화 중심주의**라고 한다. 반대로 어떤 사람들은 다른 사회의 문화만을 가치 있는 것으로 여겨 자신이 속한 문화를 무시하거나 낮게 평가하기도 하는데 그러한 태도를 **문화 사대주의**라고 부른다.

자문화 중심주의나 문화 사대주의와 같이 문화의 다양성과 상대성을 인정하지 않는 태도로 **문화 제국주의**가 있다. 문화 제국주의란 사회가 그들의 문화를 다른 사회에 강요하는 것을 말한다. 오늘날 선진국이 영화나 음악, 음식 등 새로운 문화상품을 가지고 개발도상국에

진출하여 그 지역의 가치관과 생활양식에 영향을 주는 것도 문화 제국주의라 할 수 있다.

한 사회의 문화는 독특한 자연환경과 사회적 상황에 맞게 발전해 온 것이기 때문에 나름대로 가치와 의미가 있다. 따라서 어떤 문화가 더 좋고, 나쁘다는 평가를 내릴 수는 없다. 다양한 문화를 바르게 이해하기 위해서는 한 사회의 문화를 그 사회의 입장에서 바라보고 판단하려는 **문화 상대주의**적 태도가 필요하다.

앞의 글을 가린 후 요지와 핵심을 아래에 적어 보자.

아주 짧은 시간 동안 주어진 지문을 처음부터 끝까지 다 읽기가 어려웠을 것이다. 짧은 시간 안에 글의 요지를 파악하려면 어떤 방법을 써야 할지 논의해 보자.

3 책 읽기에 대한 이해

제대로 책을 읽기 위해서는 책에 있는 모든 단어를 다 읽어야 한다. ○ ×

책 읽기에서 제일 중요한 것은 '얼마나 많은 책을 읽느냐'이다. ○ ×

책은 한 번만 집중해서 읽으면 된다. ○ ×

소리 내어 글자만 읽어도 많은 부분을 기억할 수 있다. ○ ×

책은 항상 깨끗하게 봐야 한다. ○ ×

4 PQ3R 기술의 이해

효과적인 독서 방법은 광범위한 연구를 통하여 얻어진 결과로, 최종적으로 요약하면 다음과 같은 5단계의 순서이며, 이를 'PQ3R법'이라고 한다.

1단계 □□□□ (Preview)	• 책을 읽기 전에 책 읽는 목적 생각하기 • 머리말을 읽으면서 지은이가 이 책을 쓴 이유에 대해서 생각해 보기 • 전반적으로 책을 가볍게 훑으면서 책에 있는 내용들을 파악하기
↓	
2단계 □□□□ (Question)	• 책을 훑어보면서 모르는 단어나 내용이 있다면 표시하기 • 책에 대해서 스스로 의문점 만들기
↓	
3단계 □□ (Reading)	• 핵심 단어를 찾으면서 읽고, 찾은 핵심 단어들을 연결하여 핵심 문장(주제)을 만들어 보기 • 책에 있는 그림, 도표, 사진 등과 본문 내용을 관련지으면서 읽어 보기
↓	
4단계 □□□□ (Recite)	• 책을 덮고 방금 전 읽은 내용을 머릿속에 떠올려 보기 • 생각나지 않는 내용은 책을 펴서 잠깐 확인한 후 다시 떠올려 보기
↓	
5단계 □□□□ (Review)	• 읽고 암송한 내용을 정리, 기록, 복습하기

5 훑어보기와 질문하기

책을 읽는다는 것은 그 안에 담겨 있는 지식들을 이해하고 생각하고 기억하기 위한 과정을 말한다. 앞에서 살펴보았듯이, 책을 '잘' 읽는다는 것은 '많이' 또는 '빨리' 읽는다는 것이 아니며, 무조건 읽고 외우는 것도 효과적이지 않다.

우리가 어떤 사람을 만날 때를 생각해 보면, 그 사람의 전체적인 인상이나 옷차림, 머리 모양처럼 겉으로 드러나는 특징을 살펴보게 된다. 책을 볼 때도 마찬가지로 이렇게 전체적으로 훑어보면서 인상을 형성하는 과정이 있다.

1) 훑어보기(Preview)

누가 먼저 정상에 도달할까?

교과서를 활용한 훑어보기 방법은 다음과 같다. 빈칸에 해당하는 단어들을 아래 상자에서 찾아 적어 보자.

> 핵심 단어, 목차, 본문, 그래프, 단원소개, 제목,
> 그림, 지도, 머리말, 추측, 이해, 암기, 알고 있던

- □□□□, □□, □□□ 등을 읽고, 전체적인 흐름을 □□해 본다.
- □□, □□, □□□ 등을 간단히 살펴본다.
- 진하게 표시된 □□ □□를 읽어 본다.
- 훑어보기 후에 □□ □□ 내용을 떠올린다.

2) 질문하기(Question)

사람들은 다음 중 어떤 광고에 더 흥미를 보일까?

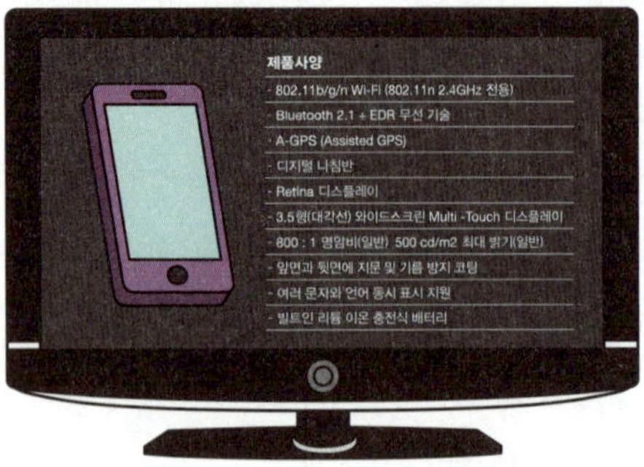

〈제품에 대한 길고 복잡한 설명〉

〈기계를 수중에서 작동하는 실험장면〉

책을 읽으며 질문을 만드는 3가지 요령은 다음과 같다.

큰제목과 소제목을 ☐☐☐ 으로 만들기

단원 ☐☐ 나 학습 ☐☐ 를 읽으며 질문거리 만들기

☐☐☐☐ 를 하며 자유롭게 질문거리 만들기

3) 훑어보기와 책 읽기 연습

앞에서 배운 내용을 떠올리며, 아래의 목차를 살펴보자. 궁금한 내용이나 잘 모르는 단어에는 나름대로의 표시(☆, ?)를 해 본다.

차례

• 이 책에는 어떤 내용이 있을 것이라고 예상할 수 있을까?

• 나만의 의문점을 만들어 보자. 가능한 한 창의적인 질문을 만들수록 좋다.

6 본문 읽기(Reading)

1) 읽기의 목적과 요령

읽기의 목적과 요령은 다음과 같다. 퍼즐이 맞춰지면 완성된 그림을 볼 수 있듯이, 4가지 전략을 적용하여 본문을 읽으면, 책의 전체 내용을 한눈에 볼 수 있다.

2) 읽기 연습

✿ 다음은 '심리학개론'의 일부이다. 문단별로 핵심 단어를 찾아 표시하며 읽어 보자.

<스트레스 이론>

① 스트레스는 인간이 심리적, 신체적으로 감당하기 어려운 상황에 처하게 되었을 때 느끼게 되는 불안과 위협의 감정을 말한다(Lazarus, 1993). 스트레스라는 말의 어원은 'stringer' 혹은 'strictus'라는 라틴어이다. 이들 단어들은 '팽팽하게 조인다'는 뜻으로, 스트레스를 느낄 때 경험하는 답답하거나 긴장된 몸과 마음의 상태를 나타낸다.

② 스트레스는 인간의 삶의 모든 영역에 존재하기 때문에 누구도 스트레스를 피할 수 없다. 스트레스는 인간이 적응해 나가야 할 어떤 변화를 의미하기도 한다. 그 변화는 신체적 질병이나 사고를 당하는 것과 같은 부정적인 것에서부터 열렬한 사랑에 빠지거나 오랫동안 원하던 바를 성취하는 것과 같은 긍정적인 것에 이르기까지 그 범위는 넓고 다양하다. 예를 들면, 가족의 사망, 결혼, 이혼, 실직 등과 같은 인생의 주요 사건들(major life event)은 인간에게 강한 스트레스를 유발하는 원인이 될 수 있으며, 친구와의 다툼, 교통 체증, 식당 앞에서 줄 서기와 같이 일상에서 흔히 겪을 수 있는 사소하고 성가신 일들도 스트레스를 느끼게 한다.

③ 그러나 인생의 주요 사건에 의하여 스트레스를 느끼든, 일상의 작은 걱정거리가 쌓여 스트레스를 느끼든 간에 중요한 것은 스트레스에 대하여 어떻게 대응하느냐 하는 것이다. 스트레스에 대한 대응 방식은 스트레스가 인간에게 미치는 효과를 결정하게 된다. 따라서 스트레스에 적절히 대응하여 스트레스의 효과가 긍정적이 될 수 있도록 하는 것이 중요하다. 스트레스에 대한 많은 연구는 스트레스를 크게 세 가지 범주로 구분하고 있다.

④ 첫째, 스트레스를 자극으로 보는 것이다. 자극으로서의 스트레스 모델은 개인의 신체적, 심리적 안녕(well-being)을 위협하는 환경적 자극이나 조건을 밝히는 데 초점을 둔다. 이 모델의 대표적인 연구는 사회적 재적응 척도를 개발한 홈스와 라헤의 연구이다. 스트레스를 유발시키는 자극인 스트레스원(stressor)은 전쟁과 테러, 질병, 지진 혹은 홍수와 같은 재난에서부터 실직이나 이혼 및 사별 등의 중요한 생활사건, 교통 체증, 지각, 친구나 가족과의 다툼 등과 같은 일상의 골치 아픈 일에 이르기까지 다양하다.

⑤ 둘째, 스트레스를 반응으로 정의하는 것이다. 반응으로서의 스트레스 모델은 스트레스 상황에서 유기체가 경험하는 신체적 적응 반응과 스트레스와 신체적 질병과의 관계를 밝히는 데 연구의 초점을 둔다. 셀리에의 연구가 대표적인데, 그는 스트레스 자극에 대하여 유기체가 신체적으로 반응하는 과정을 경고, 저항, 소진의 세 단계로 나누어 설명하고 이를 일반적응 증후군이라고 불렀다.

⑥ 셋째, 스트레스를 개인과 환경과의 상호작용으로 보며, 스트레스에 대한 개인의 해석과 평가를 강조하는 관점이다. 즉, 스트레스 사건 자체보다는 그 사건에 대한 개인의 해석과 스트레스에 대한 대처를 더욱 중요시하며, 생활사건이 스트레스를 일으키기보다는 스트레스 상황에 대한 개인의 주관적인 인지적 평가와 그에 대한 대처양식에 따라 스트레스 정도가 달라진다는 입장이다.

• 자신이 찾은 핵심 단어를 다른 사람과 비교해 보자. 공통점과 차이점은 무엇인가?

• 이번에는 핵심 단어를 모두 이어서 하나의 문장으로 바꾸어 보자. 어떤 문장이 만들어졌는지 다른 사람과 비교해 보자.

7 암송하기(Recite)와 복습하기(Review)

1) 암송하기

책을 읽고 있을 때는 그 책을 잘 이해하고 있고 앞으로도 전부 기억할 것 같은 느낌이 들지만, 사실은 그렇지 않다. 방금 전 읽은 내용을 잘 알고 있는지를 확인하기 위해서는 그 내용을 암송해 보는 것이 가장 효과적이다.

일반적인 암송 방법은 다음과 같다.

> 책을 덮고, 읽은 내용을 □□□로 표현해 보는 것

2) 복습하기

인간의 기억력에는 한계가 많기 때문에 이미 읽고 배웠던 내용이라도 일정한 간격을 두고 반복적으로 복습하는 것이 기억 향상에 필수적이다.

복습하는 방법은 다음과 같다.

> 복습은 일정 □□을 두고 읽은 내용을 확인하는 것
>
> 책은 한 번만 읽어서는 기억할 수 없기 때문에, 복습을 통해 다시 한 번 읽을 필요가 있다. 책을 제대로 읽었다면 다시 읽을 때는 처음 읽은 시간의 □□%도 걸리지 않는다.

3) 암송하기와 복습하기 연습

• 앞에서 읽은 내용을 다시 한 번 자기말로 정리하고 말해 보자.

• 만일 제대로 기억나지 않는다면 다시 그 부분을 찾아서 읽는다.

8 이번에는 다른 교과서를 꺼내 보도록 하자. 최근에 배우고 있는 부분을 펼치고 이번 차시에 배웠던 책 읽기 기술을 적용해 보자.

1단계 P: □□□□	• 책을 읽기 전에 책 읽는 목적 생각하기 • 머리말을 읽으면서 지은이가 이 책을 쓴 이유에 대해서 생각해 보기 • 전반적으로 책을 가볍게 훑으면서 책에 있는 내용들을 파악하기

↓

2단계 Q: □□□□	• 책을 훑어보면서 모르는 단어나 내용이 있다면 질문하기 • 책에 대해서 스스로 의문점 만들기

↓

3단계 R: □□	• 핵심 단어를 찾으면서 읽고, 찾은 핵심 단어들을 연결하여 전체 흐름(주제)을 만들어 보기 • 책에 있는 그림, 사진, 그래프 등과 본문 내용을 관련지으면서 읽어 보기

↓

4단계 R: □□□□	• 책을 덮고, 방금 전 읽은 내용을 머릿속에 떠올려 보기 • 생각나지 않는 내용은 책을 펴고 잠깐 확인한 후 다시 떠올려 보기

↓

5단계 R: □□□□	• 읽고 암송한 내용을 정리, 기록, 복습하기

적용 과제

읽기 전략을 적용할 수 있는 교재를 한 권 골라 다음 전략을 적용해 보자.

훑어보기(Preview)	• 내가 책을 읽는 이유는? • 책의 전체적인 내용은?
질문하기(Question)	• 궁금하거나 잘 모르는 내용은?
읽기(Reading)	• 본문의 중심내용은? • 내가 만든 의문점의 답은?
암송하기(Recite)	• 본문의 중심내용을 요약하면? • 책을 덮고, 이해한 내용을 암송해 보자.
복습하기(Review)	• 관련 문제를 풀어 보자.

월 요 일 　 월 　 일

〈공부하기 전 체크포인트〉
- ☐ 진로목표와 주간계획 확인
- ☐ 오늘 해야 할 일의 우선순위 확인
- ☐ 스마트폰을 포함해 주변의 방해물 정리하기

GoldenTime

과목(할 일)	분량(내용)
	시간 : ~ : 확인 ☐
	시간 : ~ : 확인 ☐
	시간 : ~ : 확인 ☐
	시간 : ~ : 확인 ☐
	시간 : ~ : 확인 ☐
	시간 : ~ : 확인 ☐
	시간 : ~ : 확인 ☐

토막시간 활용

1.

2.

여가 계획

MEMO

잡생각 휴지통

오늘 하루 평가

불만족 ① ② 보통 ③ ④ 만족 ⑤

화 요 일 월 일

〈공부하기 전 체크포인트〉
- ☐ 진로목표와 주간계획 확인
- ☐ 오늘 해야 할 일의 우선순위 확인
- ☐ 스마트폰을 포함해 주변의 방해물 정리하기

Golden Time

과목(할 일)	분량(내용)
	시간 : ~ : 확인 ☐
	시간 : ~ : 확인 ☐
	시간 : ~ : 확인 ☐
	시간 : ~ : 확인 ☐
	시간 : ~ : 확인 ☐
	시간 : ~ : 확인 ☐
	시간 : ~ : 확인 ☐

토막시간 활용

1.
2.

여가 계획

MEMO

잡생각 휴지통

오늘 하루 평가

불만족 보통 만족

① ② ③ ④ ⑤

수 요 일 월 일

〈공부하기 전 체크포인트〉

- ☐ 진로목표와 주간계획 확인
- ☐ 오늘 해야 할 일의 우선순위 확인
- ☐ 스마트폰을 포함해 주변의 방해물 정리하기

Golden Time

과목(할 일)	분량(내용)
	시간 : ~ : 확인 ☐
	시간 : ~ : 확인 ☐
	시간 : ~ : 확인 ☐
	시간 : ~ : 확인 ☐
	시간 : ~ : 확인 ☐
	시간 : ~ : 확인 ☐
	시간 : ~ : 확인 ☐

토막시간 활용

1.

2.

여가 계획

MEMO

잡생각 휴지통

오늘 하루 평가

불만족 보통 만족

① ② ③ ④ ⑤

목요일 월 일

〈공부하기 전 체크포인트〉
- ☐ 진로목표와 주간계획 확인
- ☐ 오늘 해야 할 일의 우선순위 확인
- ☐ 스마트폰을 포함해 주변의 방해물 정리하기

Golden Time

과목(할 일)	분량(내용)
	시간 : ~ : 확인 ☐
	시간 : ~ : 확인 ☐
	시간 : ~ : 확인 ☐
	시간 : ~ : 확인 ☐
	시간 : ~ : 확인 ☐
	시간 : ~ : 확인 ☐
	시간 : ~ : 확인 ☐

토막시간 활용

1.

2.

여가 계획

MEMO

잡생각 휴지통

오늘 하루 평가

불만족 보통 만족

① ② ③ ④ ⑤

금 요 일　　　월　　　일

〈공부하기 전 체크포인트〉
- ☐ 진로목표와 주간계획 확인
- ☐ 오늘 해야 할 일의 우선순위 확인
- ☐ 스마트폰을 포함해 주변의 방해물 정리하기

Golden Time

과목(할 일)	분량(내용)
	시간 : ～ : 확인 ☐
	시간 : ～ : 확인 ☐
	시간 : ～ : 확인 ☐
	시간 : ～ : 확인 ☐
	시간 : ～ : 확인 ☐
	시간 : ～ : 확인 ☐
	시간 : ～ : 확인 ☐

토막시간 활용

1.

2.

여가 계획

MEMO

잡생각 휴지통

오늘 하루 평가

불만족　보통　만족

① ② ③ ④ ⑤

토 요 일　　월　　일

〈공부하기 전 체크포인트〉

- ☐ 진로목표와 주간계획 확인
- ☐ 오늘 해야 할 일의 우선순위 확인
- ☐ 스마트폰을 포함해 주변의 방해물 정리하기

Golden Time

과목(할 일)	분량(내용)
	시간　:　~　:　확인 ☐
	시간　:　~　:　확인 ☐
	시간　:　~　:　확인 ☐
	시간　:　~　:　확인 ☐
	시간　:　~　:　확인 ☐
	시간　:　~　:　확인 ☐
	시간　:　~　:　확인 ☐

토막시간 활용

1.

2.

여가 계획

MEMO

잡생각 휴지통

오늘 하루 평가

불만족　보통　만족

① ② ③ ④ ⑤

일 요 일 월 일

〈공부하기 전 체크포인트〉
- ☐ 진로목표와 주간계획 확인
- ☐ 오늘 해야 할 일의 우선순위 확인
- ☐ 스마트폰을 포함해 주변의 방해물 정리하기

Golden Time

과목(할 일)	분량(내용)
	시간 : ~ : 확인 ☐
	시간 : ~ : 확인 ☐
	시간 : ~ : 확인 ☐
	시간 : ~ : 확인 ☐
	시간 : ~ : 확인 ☐
	시간 : ~ : 확인 ☐
	시간 : ~ : 확인 ☐

토막시간 활용

1.

2.

여가 계획

MEMO

잡생각 휴지통

오늘 하루 평가

불만족 보통 만족

① ② ③ ④ ⑤

제12장

기억전략

기억의 기본 전략과 기억술 적용하기

지난 시간 내용 정리

✿ 일주일간 플래너를 작성하고 실천했던 경험에 대해 함께 논의해 보자. 성취도 그래프에는 어떤 변화가 있는가? 어떤 점이 도움이 되었고 어떤 점이 어려웠는가?

✿ 책 읽기의 절차인 PQ3R이란 무엇인가?

✿ 이전 시간에는 책 읽기 기술 PQ3R에 대해 배워 보았다. 자신의 교과에 적용했던 것은 무엇이고, 그 결과는 어떠했는지 논의해 보자. 그리고 그 내용을 지금도 기억할 수 있는지 확인해 보자.

토론 자료

HM과 S의 사례

HM이라고 불리는 남자는 뇌수술의 후유증으로 새로운 기억을 만들어 내는 능력을 잃고 말았다. 단기 기억이 장기 기억으로 넘어가는 과정에서 핵심적인 역할을 하는 뇌해마가 수술 과정에서 손상되었기 때문이다. 주치의는 HM을 만날 때마다 매일 새로운 사람을 만나는 것처럼 소개를 해야 했다. 퇴원 후 집에 가는 길도 기억하지 못하기 때문에 누군가의 도움을 받지 않으면 집을 찾아갈 수 없었다.

20세기 초, 러시아에서 태어난 S라는 사람은 거의 모든 것을 기억할 수 있는 기억 능력을 가지고 있었다. 듣거나 본 내용을 똑같이 기억할 수 있기 때문에 메모를 전혀 하지 않았다. 보통 사람의 단기 기억 용량은 5~9개이지만 S의 단기 기억 용량은 거의 무한대에 가까웠다. 심지어 70개가 넘는 숫자나 글자를 한 번만 보고도 외울 수 있었고, 순서를 반대로 말할 수도 있었다. 더 놀라운 것은 그 내용을 몇 년 후에 물어봐도 순서대로 기억할 수 있었다는 것이다. S는 사람들의 말소리나 기억한 내용이 머릿속에서 모두 그림으로 인식되었다고 한다. 이것은 일종의 기억술인데, 장면을 생생하게 상상하면 내용이 훨씬 잘 기억되는 것과 같은 이치이다. 보통은 연습하고 훈련해야 할 수 있는데 S는 어쩐 일인지 이것이 자동적으로 이루어졌다. 그의 가장 큰 고통은 사람을 기억하지 못하는 것이었다. 모든 것을 너무 정확하게 기억하기 때문에 다음 번에 스타일이 조금이라도 바뀌면 알아볼 수 없었던 것이다. 결국 그에게 있어 무한대의 기억은 축복이기도 했지만 한편으로는 저주이기도 했다.

토론하기

기억을 만들어 내지 못하는 것과 모든 것을 기억하는 것 중 여러분이라면 무엇을 선택하겠는가? 그 이유는 무엇인가?

기억전략 체크리스트

문항	✓
1. 한 번에 몰아서 공부하기보다 조금씩 자주 공부하는 편이다.	
2. 암기 과목은 그날그날 복습한다.	
3. 외워야 할 내용이 있으면 먼저 요약해 본다.	
4. 공부한 내용이 시험에서도 잘 기억난다.	
5. 무작정 외우기보다는 먼저 이해하려고 노력한다.	
6. 공부할 때 제대로 외워졌는지 눈을 감고 떠올려 본다.	
7. 등하교길에도 영어 단어나 수학 공식을 암기한다.	
8. 나만의 효과적인 기억 방법을 가지고 있다.	

점수	결과
7 ~ 8점	기억전략이 우수함
5 ~ 6점	기억전략이 양호함
3 ~ 4점	기억전략이 다소 부족함
2점 이하	기억전략이 비효율적임

논의: 체크리스트를 통해 확인한 자신의 강점과 약점은?

1 기억이 잘되는 상황과 그렇지 않은 상황 구분하기

1) 기억이 잘될 때? 안 될 때?

기억력이 언제나 똑같이 발휘되는 것은 아니다. 어떤 경우에는 사소한 것까지 잘 기억이 되는 반면, 어떤 때는 중요한 일들도 깜박할 때가 있다. 공부할 때도 마찬가지이다. 기억이 잘되는 과목들도 있지만 반대로 이상하게 잘 외워지지 않는 과목도 있다. 아래의 칸에 나는 어떤 경우에 더 기억을 잘하는지, 왜 그런 차이가 생기는 것 같은지 정리해 보자.

기억이 잘 나는 상황 혹은 과목

기억이 잘 나지 않는 상황 혹은 과목

둘 간에는 어떤 차이가 있는가?

2 기억력 테스트

아래 그림을 30초간 살펴보라.

• 자취방에 도둑이 들어 물건을 훔쳐갔다. 사라진 것들은 무엇인지 찾아보자.

3 기억의 종류

1) ○○ 기억

부르는 단어를 잘 듣고, 기억나는 대로 아래 빈칸에 적어 보자.

단기기억은 다음과 같은 특징이 있다.

보통 ☐ ~ ☐ 초 정도 기억되고
☐ ~ ☐ 개의 단위로 기억된다.

2) ○○ 기억

인간에게 단기기억만이 존재했다면 어떻게 되었을까? 다행히 우리에게는 장기기억이 있어 많은 정보들을 머릿속에 저장하고 필요할 때 언제든지 떠올릴 수 있다. 우리가 언어를 마음대로 구사할 수 있는 것도 수많은 단어와 문장들, 문법의 규칙이 장기기억 속에 안전하게 저장되어 있기 때문이다.

✿ 그렇다면 장기기억은 어떤 특징을 갖고 있을까?

기억 용량이 ☐☐ 하고
☐☐ 기억된다.

✿ 장기기억의 예를 들어 보자.

4 기억의 과정에 대한 이해

1) 기억의 과정

① □□ ② □□ ③ □□

받아들이기
공부한 내용,
즉 기억해야 하는
내용들이
'머릿속으로
들어오는 단계'

가지고 있기
받아들인 정보를
'머릿속에 저장해
두는 단계'

불러오기
머릿속에 저장된
내용들을 시험이나
수행평가 시
'불러오는 단계'

2) 기억의 정의

배운 내용을 □□ 시간 동안 머릿속에 □□해 두었다가 필요할 때 □□해 내는 것

5 기억의 한계

1) 기억이 잘 나지 않는 이유

공부한 내용이 잘 기억나지 않는 이유는 무엇일까?

연구 결과에 따르면 한 번 학습한 내용은 10분 후부터 망각되기 시작하며, 1시간 뒤에는 □□%를, 하루 뒤에는 약 □□%를 망각하게 된다.

에빙하우스 망각곡선

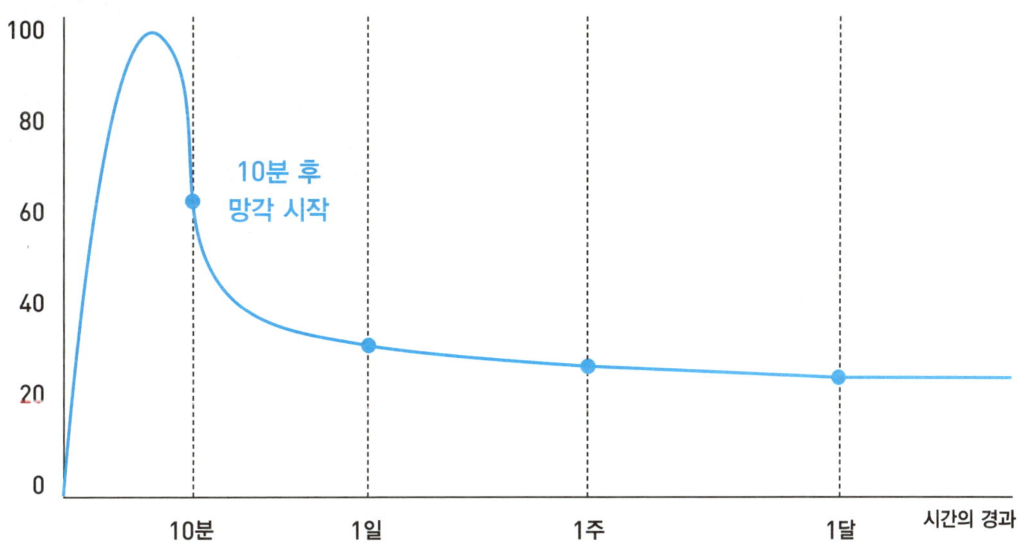

아무리 열심히 집중해서 들은 내용일지라도 □ 시간이 지나면 약 □□% 정도만 기억나게 된다. 따라서 공부한 것을 잊어버리는 것은 당연한 것이다.

2) 기억을 잘한다는 것은?

앞서 실험에서 살펴보았듯이 시간에 따라 인간이 잊어버리는 속도는 정말 빠르게 일어난다. 우리의 기억력이 이 정도밖에 안 된다는 사실에 실망할 수도 있다. 하지만 이것은 모든 사람에게 적용되는 사실이다.

몇 가지 전략을 사용하면 망각률을 낮출 수 있다. 그중 가장 기본적인 방법은 바로 '반복'이다. 기억을 잘 한다는 것은 단기기억 속에 들어 있는 방금 배운 내용을 여러 번 반복해서 장기기억으로 잘 넘겨주는 것이라고 말할 수 있다.

단기기억 장기기억

6 기억의 효율을 높이는 5단계와 기억습관

앞서 기억을 잘하기 위해서는 여러 번 반복해야 한다는 것을 설명했다. 그러나 무작정 반복만 하는 것은 전혀 학습 효율에 도움이 되지 않는다. 아래와 같이 5단계를 거쳐 공부하게 되면 많은 내용을 정확히 기억할 수 있다.

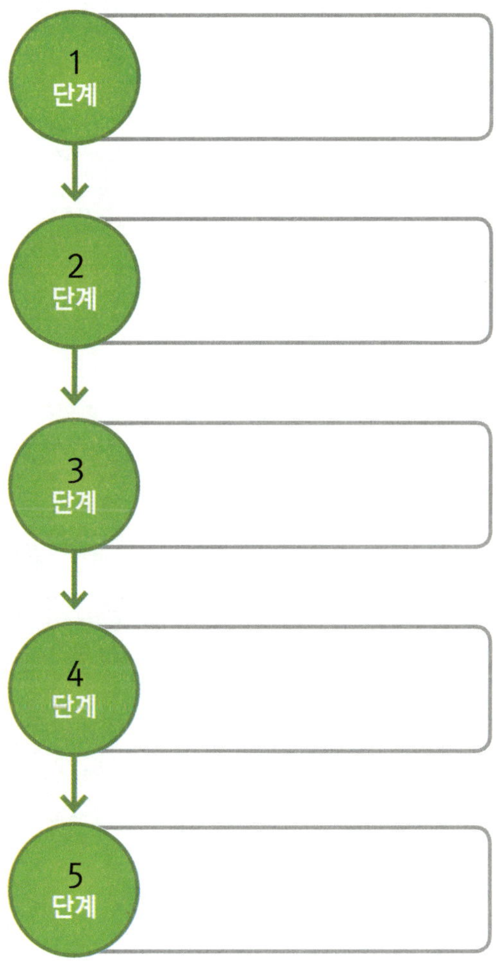

1) 1단계: ☐☐ 하기 / "들어오지 않으면 나갈 것도 없다"

기억력을 향상시키는 가장 첫 번째 단계는 '집중하기'이다. 집중은 모든 학습에서 기본이 되는 요소이다.

(1) 다음 문제를 듣고 답해 보자.

(2) 기억에서 집중이 중요한 이유

집중은 정보의 ☐☐를 열어 주는 것 !
집중하지 않은 내용은 기억되지 않는다.

(3) 우리가 알고 있는 집중 전략을 정리해 보자.

	전혀 사용하지 않는다 ——— 자주 사용한다
1. 뚜렷한 목표 수립	1 - 2 - 3 - 4 - 5
2. 우선순위와 골든타임을 고려한 시간계획 세우기	1 - 2 - 3 - 4 - 5
3. 자신의 집중길이를 고려한 시간계획 세우기	1 - 2 - 3 - 4 - 5
4. 수면과 컨디션 조절	1 - 2 - 3 - 4 - 5
5. 공부환경 정리하기	1 - 2 - 3 - 4 - 5
★ 나만의 전략:	1 - 2 - 3 - 4 - 5

2) 2단계: [ ][ ] 하기 / "처음에 잘못 배우면 엉뚱한 내용만 기억난다"

✿ 다음 문장을 1분 안에 외워 보자.

먼저 물건들을 여러 종류로 구분한다. 기계가 없을 때는 다른 곳으로 가야 하지만 기계가 있다면 준비는 거의 다 된 것이다. 한 번에 너무 많이 하는 것보다는 한 번에 좀 적다고 생각될 정도로 하는 것이 더 낫다. 처음 이 일을 시작할 때는 이런 절차가 복잡해 보일 수도 있지만 곧 생활의 일부가 될 것이다. 이 절차가 끝나면 물건들을 여러 종류로 나누어서 정돈한다. 그 다음에는 물건들을 적절한 장소에 집어넣는다. 이 물건들은 결국 다시 한 번 사용되고, 사용된 다음에는 이 절차가 다시 반복된다.

✿ 위 글의 주제는 [ ][ ] 이다. 주제를 기억하며 다시 한 번 읽어 보자.

• 기억에서 이해가 중요한 이유

정확한 이해는 기억을 더 [ ][ ], [ ][ ] 하게 만들어 준다.

• 이해가 되었다는 것은 어떻게 알 수 있을까?

- 내용을 다 보고 난 후 [ ][ ] 하는 느낌이 온다.
- 책을 덮고 대략의 내용을 [ ][ ][ ] 로 설명할 수 있다.
- [ ][ ][ ][ ] 를 뽑아 낼 수 있다.
- [ ] 를 들어 설명할 수 있다.

• 연습해 보자.

3) 3단계: □□하기 / "마구잡이로 섞어 놓으면 찾아낼 수 없다"

전체 내용 중 가장 핵심적인 부분만 정리하는 것을 요약이라고 한다. 요약이 왜 중요하고 어떻게 하는 것인지 살펴보자.

다음 중, 원하는 것을 찾기 쉬운 방은 어디일까요? 그 이유도 생각해 보자.

• 요약이 중요한 이유

> 많은 정보 중 □□만 추려 내기 때문에 □□ 용량의 부담을 줄인다.

• 요약하는 방법

> • 교과서 □□ 활용하기
> • 교과서 □□□□, □□□□ 활용하기
> • □□ 활용하기

4) 4단계: □□하기 / “망각을 이기는 반복의 힘”

앞에서 설명하였듯이 내용을 100% 암기했다 하더라도 하루가 지나면 그 기억 중 50% 정도는 잊어버리게 된다. 이런 ‘망각’ 현상을 막을 수 있는 최선의 방법은 복습이다.

복습의 효과

한 번만 공부하고 끝내는 것은 전혀 공부하지 않은 것과 큰 차이가 없다. 에빙하우스의 실험에서 발견한 또 한 가지 중요한 사실은 복습의 중요성이다. 아래의 그래프를 살펴보면, 주기적으로 복습해 줄 때마다 기억이 유지되는 양이 많아지는 것을 알 수 있다.

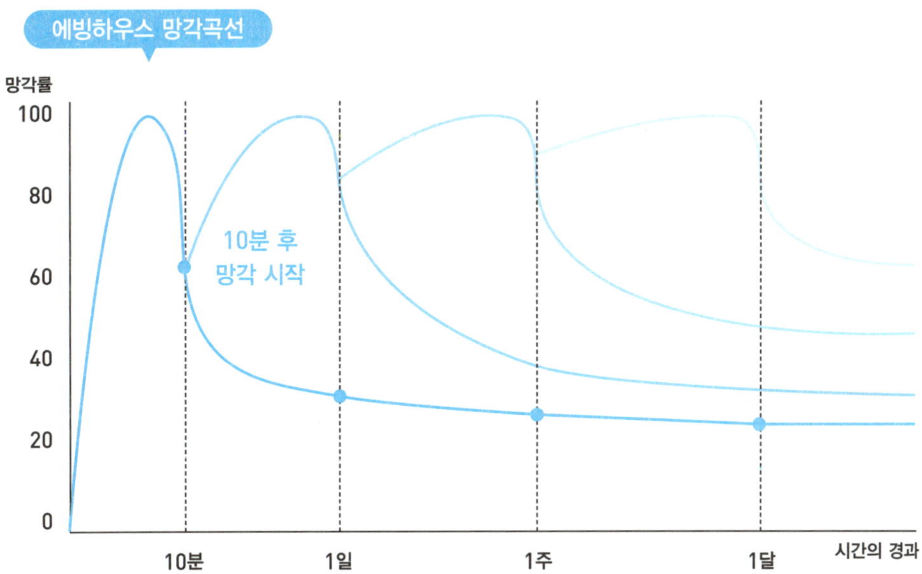

적당한 반복의 시기

7 기억술 사용하기

과학시간 원소기호나 조선시대 왕의 이름을 순서대로 외울 때 잘 외워지지 않아 어려움을 겪었던 경험이 있을 것이다. 때로는 외워야 할 것들을 노래나 재미있는 문장으로 바꾸어서 기억하는 방법을 사용해 보기도 했을 것이다. 기억술은 이처럼 외국어로 된 낯선 단어들이나, 문법규칙, 철자법 등과 같이 난해한 자료를 학습하고 회상하는 데 도움을 주는 장치라고 할 수 있다.

- **장소법**
  암기해야 할 정보들을 이미 내가 잘 알고 있는 장소와 연결시켜 기억하는 방법

- **패그워드(pegword)법**
  일련의 익숙한 단어들에다가 기억해야 할 사항을 결합시키는 방법

- **조직화 기법**
  기억해야 할 내용을 하위 개념으로 묶어서 기억하는 방법

- **머리글자 암기법**
  머리글자만 따서 외우는 암기법

- **연속으로 이어서 외우기 방법**
  외워야 할 내용들만 가지고 어떤 연상이나 이야기를 만듦으로써 기억하는 방법

1) 기억술의 적용 – 장소법

장소법이란, 암기해야 할 정보들을 이미 내가 잘 알고 있는 장소와 연결시켜 기억하는 방법이다. 가령, 여러 개의 단어들을 외워야 할 때, 각각의 단어들을 친근한 장소와 짝짓는 것이다. 이렇게 장소와 단어들을 연결시켜 놓으면, 나중에 그 단어들을 기억해 낼 때, 마음 속에서 그 장소를 걸으면서 그 장소에 연결되어 있는 단어들을 찾아내면 되는 것이다. 다음 단어들을 장소법을 사용해 기억해 보자.

"김밥, 휴대폰, 건포도, 구두, 송아지, 액자, 명함, 반지, 모자, 화분"

2) 기억술의 적용 – 조직화 기술

어떤 특징이나 규칙도 없이 한곳에 뒤엉켜 있는 내용들을 기억하는 것보다는, 일정한 기준에 따라 구분되어 있는 몇 개의 덩어리를 기억하는 것이 훨씬 더 쉽다. 예를 들어, 아래와 같은 몇 개의 숫자들을 기억해야 하는 경우,

4 1 9 6 2 5 7 1 7 8 1 5

이 숫자들을 아래와 같이 3개씩 끊어서 기억하는 것이다.

419/625/717/815

조직화 기법을 활용하여 다음에 나오는 광물들을 외워 보자.

백금, 알루미늄, 청동, 사파이어, 석회석, 화강암, 에메랄드, 강철,
구리, 은, 금, 납, 놋쇠, 다이아몬드, 대리석, 석판, 루비, 철...

3) 기억술의 적용 – 마인드맵 기술

인간의 뇌는, 글자보다는 그림이나 사진을 더 잘 기억한다. 따라서 외워야 할 내용들을 그림으로 만들어 내면 기억하기가 훨씬 쉬워진다. 이것이 바로 이미지 기억술이며, 가장 대표적인 것이 마인드맵(mind map)이다.

여기서 잠깐, 사전에서 정의하는 마인드맵에 대해 살펴보자.

"마인드 맵이란 문자 그대로 '생각의 지도'란 뜻

자신의 생각을 지도 그리듯 이미지화해 사고력, 창의력, 기억력을 한 단계 높인다는 두뇌 개발 기법이다.

간혹 어떤 문제에 대하여 창조적으로 사고하고 있을 때, 시간이 흐르거나 연속적인 사고의 연상이 진행되면서 그 사고한 내용의 일부는 잊어버리게 되고 재생하기가 어렵게 된다. 마인드맵은 유기적으로 연결되는 일련의 생각을 훌륭하게 상기시켜 준다.

마인드 맵은 영국의 도니 부잔이 1960년대 브리티시 컬럼비아대 대학원을 다닐 때 두뇌의 특성을 고려해 만들어 냈다. 부잔은 일부 사람들은 그림과 상징물을 활용해 배우는 것이 훨씬 더 효과적이라는 생각이 들어 '마인드 맵'을 고안해 냈다고 한다. 학습법과 기억력뿐 아니라 기업 업무능력 향상 등에도 효과가 있는 것으로 알려져 있는 방법이다."

마인드맵에는 특정한 형식이 없다. 아래 예시처럼 단순한 형태에서부터 상당히 복잡한 것까지 다양한 마인드맵이 가능하다.

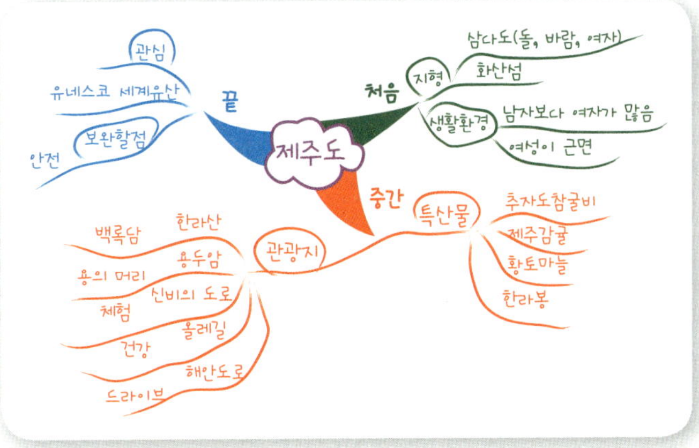

4) 단어 외우기의 핵심 – 플래시카드 기법

참고) 착지현상(Illusion of knowing)

기억해야 할 정보를 눈으로 보고 있는 동안에는 기억되었다고 착각하는 현상. 착지를 막기 위해서는 반드시 '암송'을 해야 한다.

영어단어를 외울 때 반복해서 쓰거나 읽는 것과 같은 기계적 암기는 착지를 더 쉽게 일으킨다. 이런 문제를 막기 위해서는 플래시카드를 활용해야 한다.

앞면

struggle

[str^gl]

뒷면

1. 투쟁하다, 몸부림치다, 허우적거리다
2. 힘겹게 나아가다
3. (나쁜 상황 · 결과를 막기 위해) 싸우다

step 1. 앞면과 뒷면을 번갈아 가면서 단어를 암기한다.

step 2. 영어 단어만 보고 ☐ 을 떠올려 본다.

or 뜻만 보고 앞면의 ☐☐☐ 을 떠올려 본다.

연습) 다음 내용을 마인드맵으로 바꿔 보자.

대기권이란, 지구의 중력에 의해 지표로부터 약 1000km 높이까지 지구를 둘러싸고 있는 공기층이다. 지표면으로부터 약 10km 높이까지의 구간은 대류권으로, 대기권을 구성하는 거의 모든 기체가 대류권에 집중되어 있는데, 대기가 불안정하여 대류 현상과 기상 현상이 나타난다. 약 10~50km까지의 구간은 성층권으로, 아래에는 찬 공기가, 위에는 더운 공기가 있어 대기가 매우 안정적이다. 다만 오존층이 있어 태양에서 오는 자외선을 흡수하므로 기온이 쉽게 상승한다. 약 50~80km까지의 구간은 중간권이라 하는데, 대류 현상은 일어나지만 수증기가 없으므로 기상 현상은 일어나지 않는다. 지구로 들어오는 유성들이 공기의 마찰에 의해 가장 많이 타는 구간이다. 열권은 약 80~1000km까지의 구간으로, 공기가 희박하나 태양 복사 에너지를 흡수하여 온도가 매우 높다. 낮과 밤의 온도차가 매우 심하며, 오로라 현상이 나타난다.

적용 과제

✿ 최근에 배웠던 교과 과정 중 암기해야 하는 내용을 하나 골라 이번 시간에 배웠던 기억술을 적용해 보자.

월 요 일 월 일

〈공부하기 전 체크포인트〉
- ☐ 진로목표와 주간계획 확인
- ☐ 오늘 해야 할 일의 우선순위 확인
- ☐ 스마트폰을 포함해 주변의 방해물 정리하기

Golden Time

과목(할 일)	분량(내용)
	시간 : ~ : 확인 ☐
	시간 : ~ : 확인 ☐
	시간 : ~ : 확인 ☐
	시간 : ~ : 확인 ☐
	시간 : ~ : 확인 ☐
	시간 : ~ : 확인 ☐
	시간 : ~ : 확인 ☐

토막시간 활용

1.

2.

여가 계획

MEMO

잡생각 휴지통

오늘 하루 평가

불만족 보통 만족

① ② ③ ④ ⑤

화 요 일 월 일

〈공부하기 전 체크포인트〉

- ☐ 진로목표와 주간계획 확인
- ☐ 오늘 해야 할 일의 우선순위 확인
- ☐ 스마트폰을 포함해 주변의 방해물 정리하기

Golden Time

과목(할 일)	분량(내용)
	시간 : ~ : 확인 ☐
	시간 : ~ : 확인 ☐
	시간 : ~ : 확인 ☐
	시간 : ~ : 확인 ☐
	시간 : ~ : 확인 ☐
	시간 : ~ : 확인 ☐
	시간 : ~ : 확인 ☐

토막시간 활용

1.

2.

여가 계획

MEMO

잡생각 휴지통

오늘 하루 평가

불만족 보통 만족

① ② ③ ④ ⑤

수 요 일 월 일

〈공부하기 전 체크포인트〉
- ☐ 진로목표와 주간계획 확인
- ☐ 오늘 해야 할 일의 우선순위 확인
- ☐ 스마트폰을 포함해 주변의 방해물 정리하기

Golden Time

과목(할 일)	분량(내용)
	시간 : ~ : 확인 ☐
	시간 : ~ : 확인 ☐
	시간 : ~ : 확인 ☐
	시간 : ~ : 확인 ☐
	시간 : ~ : 확인 ☐
	시간 : ~ : 확인 ☐
	시간 : ~ : 확인 ☐

토막시간 활용

1.

2.

여가 계획

MEMO

삽생각 휴지통

오늘 하루 평가

불만족 보통 만족

① ② ③ ④ ⑤

목 요 일　　　월　　　일

〈공부하기 전 체크포인트〉

- ☐ 진로목표와 주간계획 확인
- ☐ 오늘 해야 할 일의 우선순위 확인
- ☐ 스마트폰을 포함해 주변의 방해물 정리하기

Golden Time

과목(할 일)	분량(내용)
	시간　:　~　:　확인 ☐
	시간　:　~　:　확인 ☐
	시간　:　~　:　확인 ☐
	시간　:　~　:　확인 ☐
	시간　:　~　:　확인 ☐
	시간　:　~　:　확인 ☐
	시간　:　~　:　확인 ☐

토막시간 활용

1.

2.

여가 계획

MEMO

잡생각 휴지통

오늘 하루 평가

불만족　보통　만족

① ② ③ ④ ⑤

금 요 일 월 일

〈공부하기 전 체크포인트〉
- ☐ 진로목표와 주간계획 확인
- ☐ 오늘 해야 할 일의 우선순위 확인
- ☐ 스마트폰을 포함해 주변의 방해물 정리하기

Golden Time

과목(할 일)	분량(내용)
	시간 : ~ : 확인 ☐
	시간 : ~ : 확인 ☐
	시간 : ~ : 확인 ☐
	시간 : ~ : 확인 ☐
	시간 : ~ : 확인 ☐
	시간 : ~ : 확인 ☐
	시간 : ~ : 확인 ☐

토막시간 활용

1.

2.

여가 계획

MEMO

잡생각 휴지통

오늘 하루 평가

불만족 보통 만족

① ② ③ ④ ⑤

토 요 일 월 일

〈공부하기 전 체크포인트〉
- ☐ 진로목표와 주간계획 확인
- ☐ 오늘 해야 할 일의 우선순위 확인
- ☐ 스마트폰을 포함해 주변의 방해물 정리하기

Golden Time

과목(할 일)	분량(내용)
	시간 : ~ : 확인 ☐
	시간 : ~ : 확인 ☐
	시간 : ~ : 확인 ☐
	시간 : ~ : 확인 ☐
	시간 : ~ : 확인 ☐
	시간 : ~ : 확인 ☐
	시간 : ~ : 확인 ☐

토막시간 활용

1.

2.

여가 계획

MEMO

잡생각 휴지통

오늘 하루 평가

불만족 보통 만족

① ② ③ ④ ⑤

일 요 일 월 일

〈공부하기 전 체크포인트〉
- ☐ 진로목표와 주간계획 확인
- ☐ 오늘 해야 할 일의 우선순위 확인
- ☐ 스마트폰을 포함해 주변의 방해물 정리하기

Golden Time

과목(할 일)	분량(내용)
	시간 : ~ : 확인 ☐
	시간 : ~ : 확인 ☐
	시간 : ~ : 확인 ☐
	시간 : ~ : 확인 ☐
	시간 : ~ : 확인 ☐
	시간 : ~ : 확인 ☐
	시간 : ~ : 확인 ☐

토막시간 활용
1.
2.

여가 계획

MEMO

삽생각 휴지통

오늘 하루 평가
불만족 보통 만족
① ② ③ ④ ⑤

제13장

시험 준비 전략

시험계획 세우기,
시험전략, 불안 다루기,
전체 정리

지난 시간 내용 정리

- 기억은 어떤 단계를 거쳐 만들어지는가?
- 기억의 종류 2가지는 무엇인가?
- 인간이 가진 기억의 한계는 어떠한가?
- 기억 효율을 높이는 5단계의 기억 절차는 무엇인가?
- 기억술에 대해 떠오르는 것을 말해 보자.
- 이전 시간에 배웠던 기억전략의 적용 결과에 대해 논의해 보자. 어떤 내용에 대해 어떤 전략을 적용했는가? 그 결과는 어떠했는지 살펴보자.

토론 자료

불안할 때 더 쉽게 실수하는 이유

'불안'은 우리가 흔히 경험하는 '감정'의 일종이다. 감정은 생각과 달리 우리 몸과 마음에 체계적인 변화를 일으킨다. 심장이 빨라지고 숨도 가빠지며 생각은 자꾸만 나쁜 결과에 관련된 것으로 달음박질치게 된다. 이것은 아주 불쾌한 느낌이기 때문에 불안해지면 사람들은 거기에서 벗어나려고 애쓰게 된다.

사실 불안은 우리 조상들이 생명을 보존할 수 있게 만들어 준 아주 고마운 기능 중의 하나이다. 호랑이가 자주 나타나는 숲 근처를 지나야 할 때, 만일 '불안'이 느껴지지 않으면 과감하게 가로질러 지나가게 될 것이다. 그러다 정말로 호랑이가 나타나면 때는 늦게 되는데, 불안이 없다면 위험을 대비하지 못하게 되는 것이다. 오늘날 호랑이는 동물원에서 재미거리로나 볼 수 있는 존재로 바뀌었기 때문에 우리는 호랑이를 봐도 불안하지 않다. 하지만, 나쁜 결과가 나타날 수 있는 수많은 상황에 처하게 되면 우리 조상들과 똑같은 불안을 느끼게 된다. 학생들의 경우 시험 때가 되면 불안을 느낄 수 있는데, 그 이유는 시험의 결과가 제대로 나오지 않아 생길 수 있는 나쁜 결과를 예상하기 때문이다. 물론, 평소에 충분히 대비하고 미리 공부를 해 둔 사람이라면 불안해야 할 이유는 없다. 반면에 걱정은 많이 하면서 실제로 준비한 것이 없는 사람이라면 '나쁜 결과'의 가능성이 커지기 때문에 더 큰 불안을 느낄 수 있는 것이다.

'불안'이 비록 불쾌한 것이기는 해도, 그것이 느껴져야 앞일을 준비할 수 있기 때문에 시험 때 불안을 느끼는 것은 나쁜 일만은 아니다. 불안하기 때문에 계획을 세우고, 불안하기 때문에 평소에는 절대로 하지 않는 밤샘 공부를 해서라도 시험을 준비하게 되는 것이다. 하지만 지나친 불안은 집중력을 크게 해칠 수 있다. 사람은 불안한 상태가 되면 불안에 관련된 결과나 생각을 통제할 수 없게 된다. 9회말 동점인 상황에서 상대팀 4번 타자를 만나게 된 투수가 '만일 홈런을 맞으면 끝장이다.' '나는 패전 투수가 되고 사람들은 나를 비난할 거야.' '더 이상 야구를 할 수 없게 되면 어떻게 하지?'와 같은 불안을 일어나게 만드는 생각을 자꾸 하게 되면 투구에 대한 집중력이 떨어지기 때문에 공을 원하는 방향으로 컨트롤할 수 없게 된다. 뛰어난 선수들은 그런 상황일수록 불안을 이겨 내고 원래의 기량을 유지할 수 있는 사람들이다. 공부할 때도 마찬가지이다. 자꾸만 결과에 연연하게 되면 불안한 생각만 자꾸 들기 때문에 정작 집중해야 할 책은 눈에 들어오지 않고 쓸데없는 생각으로 시간을 허비하게 된다. 최악의 경우는 공부가 아닌 다른 일로 불안을 없애려고 하는 것이다. 잠을 자 버리거나 게임에 빠지기도 하고, 술을 마실 수도 있다. 이런 행동은 당장의 불안은 잊게 하지만, 문제를 실제로 다루지 않았기 때문에 안타깝게도 우려했던 결과가 실제로 일어나게 된다.

이렇게 지나친 불안은 집중력을 떨어뜨리고 할 수 있는 일조차 제대로 하지 못하게 만든다. 최선의 방법은 불안해지지 않도록 계획을 통해 미리 준비하는 것이다. 또한, 자신을 불안하게 만드는 생각과 알 수 없는 결과에 연연하지 말고 '할 수 있는 일'에 최대한 집중하도록 노력해야 한다.

토론하기

시험을 앞두고 불안에 시달렸던 경험이 있다면 논의해 보자. 만일 불안하지 않았다면 그 이유도 함께 이야기해 보자.

시험전략 체크리스트

문항	✓
1. 시험 전날 꾀병을 부린 적이 있다.	
2. 시험 주간만 되면 몸이 아프다(두통, 소화불량).	
3. 시험 성적이 두려워서 부모님에게 거짓말을 해 본 적이 있다.	
4. 시험 성적을 친구들과 비교하면서 절망한 적이 있다.	
5. 아무리 노력해도 성적이 오르지 않아 너무 힘들다.	
6. 성적표 받아 보는 게 끔찍하다.	
7. 시험 보는 게 너무 싫다.	
8. 시험 성적 때문에 죽고 싶은 생각을 해 본 적이 있다.	

점수	수준
7 ~ 8점	시험에 대한 부담감이 극심한 수준
5 ~ 6점	시험에 대한 부담감이 심한 수준
3 ~ 4점	시험에 대한 부담감이 많은 편
2점 이하	시험에 대한 부담감이 적은 편

논의: 체크리스트를 통해 확인한 자신의 강점과 약점은?

1 성공적 시험 경험, 실패한 시험 경험

1) 시험과 관련된 에피소드(episode)를 발표해 보자.

2) 시험에서 성공했다고 느껴진 때는 언제인가? 그 이유는?

3) 시험에서 실패했다고 느껴진 때는 언제인가? 그 이유는?

2 평소 시험 준비 습관 점검하기

1) 준비기간

(1) 평소 준비기간

중간, 기말고사를 준비할 때 보통 어느 정도의 기간을 가지고 시작하는지 표시해 보자.

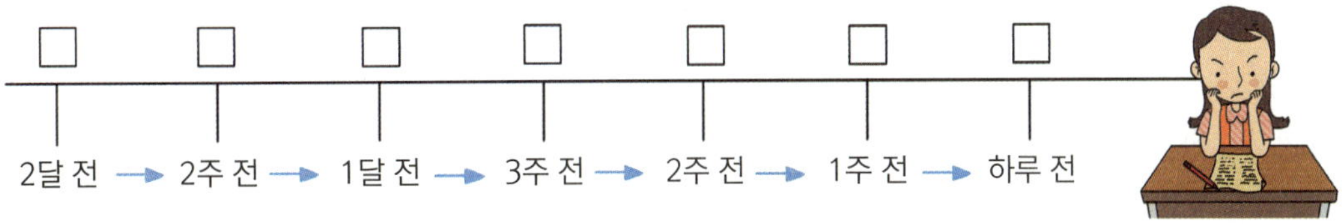

(2) 준비기간 평가

준비기간이 적당한지 논의해 보자.

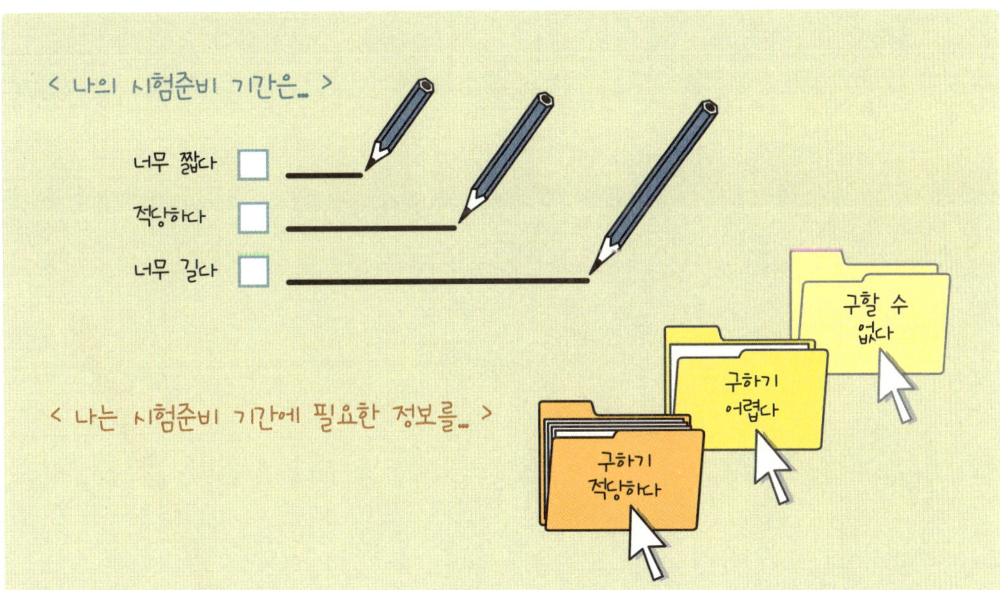

(3) 가장 적당한 준비기간은 어느 정도일지 생각해 보자.

2) 평소 시험 공부 스타일

평소에 어떤 방식으로 시험을 준비하는지 기간에 맞게 정리한 후 다른 사람들과 비교해 보자.

나의 시험공부 방법은?

초반

중반

후반

3 시험이 발표되면 해야 할 일 – 시험 정보 모으기

시험 준비 전에 꼭 알아야 할 관련 정보에는 어떤 것들이 있을까?

- 시험 범위는 어디까지인가?

- 시험 범위 중 특별히 중요한 부분은 어디인가?

- 시험 문제 유형은 어떠한가? (객관식, 단답형, 서술형)

- 총 몇 문제가 출제되는가?

- 한 문제에 몇 점씩인가?

- 어느 유형의 문제에 더 많은 배점이 주어지는가?

위의 정보들 외에 또 시험에 관한 어떤 것들을 알고 있으면 좋을까?

4 시험계획의 원칙

여러분은 시험이 다가오면 스트레스와 불안 때문에 우왕좌왕하며 제대로 공부를 시작하지 못할 수 있다. 이런 상황에서 계획을 제대로 세워 놓지 않으면 결국 '벼락치기'를 하게 되어 결과도 만족스럽지 못할 뿐 아니라, 시험에 대한 스트레스는 더욱 가중된다. 그럼 지금부터 시험계획을 효과적으로 세울 수 있는 전략에 대해서 알아보자. 시험계획을 세울 때 꼭 잊지 말아야 할 원칙 두 가지가 있다.

1) 분산학습

분산학습은 **한번에 몰아서 하지 않고 나누어서 공부하는 것**을 의미한다. 예를 들어, 하루에 한 과목의 시험공부를 모두 끝내려는 것은 몰아서 공부하기에 해당된다. 벼락치기가 바로 그런 것이다. 그럼, 왜 몰아서 하는 것보다 나누어서 공부하는 것이 좋을까?

– 한번에 많은 양을 공부하면 □□□이 떨어지기 때문이다.

운동을 할 때, '오늘은 팔운동만 해야지.' 하고 계속해서 팔만 사용하면 얼마 못 하고 지치게 되듯이, 비슷한 내용을 오랜 시간 붙들고 있으면 뇌가 훨씬 쉽게 피로해진다. 수학을 일정 시간 공부하고 잠시 쉰 다음 국어를 공부하고, 그 다음에는 과학을 공부하는 식으로 서로 성질이 다른 과목을 골고루 섞어서 공부하면 같은 양이라도 훨씬 잘 집중할 수 있다.

– 몰아서 공부하면 □□이 잘되지 않기 때문이다.

하루 세 끼에 나누어 먹어야 할 음식을 한번에 먹게 되면 소화가 되지 않듯이, 한번에 많은 양의 정보가 머릿속에 들어오면 장기기억으로 넘어가지 않는다. 자주자주 나누어 넣어줘야 알맞게 소화할 수 있다.

2) 반복학습

반복학습은 **같은 내용을 여러 번 공부하는 것**을 말한다.

- 분산학습이 공부의 '양'에 대한 것이라면 반복학습은 공부의 □□에 대한 것이다. 한번 공부한 내용은 시간이 지나면 조금씩 머릿속에서 사라진다.
- 오래 기억할 수 있는 유일한 방법은 공부한 내용이 사라지기 전에 다시 □□하면서 기억을 단단하게 다지는 것이다.
- 적어도 □번 정도는 반복해서 공부해야 외우려는 내용들이 안전하게 시험 때까지 머릿속에 남게 된다. 또 이렇게 공부하면 시험이 끝난 후에도 기억할 수 있다.

5 시험계획 세우기 6:3:1 전략

6 : 3 : 1 전략

시험일까지 남아 있는 기간을 6:3:1의 비율로 나누어 준비하는 것을 의미한다. 우선, 시험 보기 전날에는 최종정리를 하는 시간을 가져야 한다. 따라서 시험 보기 전날까지는 시험 범위 전체를 두 번 정도는 볼 수 있도록 시험계획을 세우는 것이 좋다. 아래 예시와 같이 처음에 최종정리 계획을 시험 보기 전날에 세운다. 그리고 6:3:1 정도의 비율에 맞춰서 시험범위 전체 공부하기와 한번 공부한 것을 반복하도록 시험계획을 세운다.

예시) 범위가 90페이지 정도인 시험 A와 B 과목의 6:3:1 분배의 예시

전반 60%			중반 30%		후반 10%	
D-6	D-5	D-4	D-3	D-2	D-1	
과목 A 1~30 과목 B 1~30	과목 A 31~60 과목 B 31~60	과목 A 61~90 과목 B 61~90	과목 A 1~40 과목 B 1~40	과목 A 46~90 과목 B 46~90	과목 A 1~90 과목 B 1~90	시험

6:3:1 기간별 학습전략

시험 전 남아 있는 기간	해야 할 일	공부 재료	공부방법
60%	시험범위 전체를 정리하여 □□ 및 □□을 한다.	1 □□ 2 □□□□ 3 □□□□	□□하기, □□하기
30%	요약 및 정리된 문서를 다시 읽고, □□ 한다. □□□□를 통해 제대로 학습된 것인지 확인한다.	1 □□ 2 □□□ 3 □□□	□□하기, 문제풀이 □□□□
10%	암송 및 암기, □□□□	1 □□ 2 □□□□	틀린 부분이나 중요한 부분만 확인하기, 암송하기

6 시험계획 세우기 실습

6:3:1 원칙과 공부방법을 바탕으로 시험계획을 세워 보자. 만일 시험범위가 다음과 같다고 가정할 때 어떻게 계획을 세워야 할지 생각해 보자.

<table>
<tr><td>시험일정표</td><td colspan="2">첫째 날: 경영학, 영어
둘째 날: 수학, 심리학개론</td></tr>
<tr><td rowspan="4">시험과목 및 범위</td><td>경영학: 1단원 ~ 3단원</td><td>1 ~ 90p</td></tr>
<tr><td>영어: 1단원 ~ 2단원</td><td>1 ~ 60p</td></tr>
<tr><td>수학: 1단원 ~ 3단원</td><td>1 ~ 90p</td></tr>
<tr><td>심리학개론: 1단원 ~ 3단원</td><td>1 ~ 60p</td></tr>
</table>

• 아래 제시된 계획표에 시험범위를 분배해 보자.

D-10	D-9	D-8	D-7
D-6	**D-5**	**D-4**	**D-3**
D-2	**D-1**	**시험 첫째 날**	**시험 둘째 날**
		경영학, 영어	수학, 심리학개론

7 시험계획이 밀렸을 때의 대처 방법

1) 평소 시험을 준비하면서 계획이 밀리는 이유는 무엇인지 생각해 보자.

2) 다음과 같은 경우 어떻게 대처할 수 있을지 논의해 보자.

실패하는 이유		해결 방법
무리한 계획을 세우는 경우	>	
세운 계획을 잊어버리는 경우	>	
집중도가 떨어지는 경우	>	
시험계획이 밀려서 못한 부분의 분량이 너무 많은 경우	>	
	>	

3) 시험 불안을 낮추기 위한 호흡법

호흡 훈련

우리의 신체감각, 생각, 행동은 관련이 많다. 불안과 연관된 몸의 반응 중 하나인 호흡은 불안과 긴장을 감소시키는 데 큰 효과가 있다. 따라서 호흡을 잘 조절하게 되면 과도한 긴장, 불안과 관련된 여러 가지 신체 감각들도 함께 변화시킬 수 있으며, 주의집중력을 높일 수 있어 학습능력도 좋아질 수 있다. 지금부터 선생님의 지시에 따라 호흡 훈련을 시작해 보자.

〈호흡 훈련하기〉

1  두 손을 배꼽 위에 올려놓는다.

2  눈을 가볍게 감고 입을 다물고 깊숙이 '코'로 숨을 들이쉰다.

3  잠깐 숨을 멈췄다가 '입'으로 천천히 내쉰다.

4 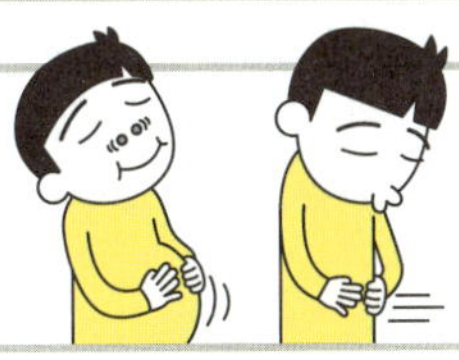 숨을 들이쉬면서 배를 풍선처럼 부풀렸다가 내쉬면서 풍선에서 바람이 빠지듯이 배를 집어넣는다. 가슴은 고정시킨다.

5  호흡을 하면서 온몸의 근육이 편안해지는 느낌을 갖도록 해 본다.

6 이 과정을 세 번 반복한다.

8 시험이 끝난 후 해야 할 일

1) 바둑에서의 복기(復棋)

바둑 경기를 볼 때 한 가지 흥미로운 점은, 바둑이 끝났는데도 기사들이 자리에서 일어나지 않는다는 것이다. 바둑기사들은 그대로 자리에 앉아, 중간의 승부처 부분을 복기를 한다. 두 기사가 마주 앉아 한 사람이 다르게 진행한다면 상대방은 어떻게 받아 줄 것인가에 대해 의견을 서로 주고받는 것이다.

복기는 다시 한 번 전체적인 흐름과 승부처, 이기거나 지고 있는 상황에서 대응할 해결책을 즉석에서 마련해 보는 좋은 습관이자 전략이다. 이렇게 힘들게 복기를 하는 이유는 무엇일까?

2) 시험 직후에 해야 할 일들

바둑에서의 복기와 같이 시험이 끝나고 나면 그 결과를 정리하는 시간을 가져야 한다.

- 시험이 다 끝나면 시험지를 □□ 해 본다.
- □□ 문제는 반드시 다시 풀어 본다.
- □□ 맞았거나 정답이 잘 □□ 되지 않을 때에도 다시 풀어 본다.
- 중요하거나 어려운 과목이라면 이 문제들에 대한 □□□□ 를 만든다.

3) 오답노트가 필요한 문제

적용 과제

6:3:1 전략을 활용하여 기말고사 시험계획을 세워 보자.

월 요 일 월 일

〈공부하기 전 체크포인트〉

- ☐ 진로목표와 주간계획 확인
- ☐ 오늘 해야 할 일의 우선순위 확인
- ☐ 스마트폰을 포함해 주변의 방해물 정리하기

Golden Time

과목(할 일)	분량(내용)
	시간 : ~ : 확인 ☐
	시간 : ~ : 확인 ☐
	시간 : ~ : 확인 ☐
	시간 : ~ : 확인 ☐
	시간 : ~ : 확인 ☐
	시간 : ~ : 확인 ☐
	시간 : ~ : 확인 ☐

토막시간 활용

1.

2.

여가 계획

MEMO

잡생각 휴지통

오늘 하루 평가

불만족 보통 만족

① ② ③ ④ ⑤

화 요 일　　월　　일

〈공부하기 전 체크포인트〉
- ☐ 진로목표와 주간계획 확인
- ☐ 오늘 해야 할 일의 우선순위 확인
- ☐ 스마트폰을 포함해 주변의 방해물 정리하기

Golden Time

과목(할 일)	분량(내용)
	시간 : ~ : 확인 ☐
	시간 : ~ : 확인 ☐
	시간 : ~ : 확인 ☐
	시간 : ~ : 확인 ☐
	시간 : ~ : 확인 ☐
	시간 : ~ : 확인 ☐
	시간 : ~ : 확인 ☐

토막시간 활용

1.

2.

여가 계획

MEMO

잡생각 휴지통

오늘 하루 평가

불만족　보통　만족

① ② ③ ④ ⑤

수 요 일   월   일

〈공부하기 전 체크포인트〉
- ☐ 진로목표와 주간계획 확인
- ☐ 오늘 해야 할 일의 우선순위 확인
- ☐ 스마트폰을 포함해 주변의 방해물 정리하기

Golden Time

과목(할 일)	분량(내용)
	시간 : ~ : 확인 ☐
	시간 : ~ : 확인 ☐
	시간 : ~ : 확인 ☐
	시간 : ~ : 확인 ☐
	시간 : ~ : 확인 ☐
	시간 : ~ : 확인 ☐
	시간 : ~ : 확인 ☐

토막시간 활용

1.

2.

여가 계획

MEMO

잡생각 휴지통

오늘 하루 평가

불만족   보통   만족

① ② ③ ④ ⑤

목 요 일 월 일

〈공부하기 전 체크포인트〉
- ☐ 진로목표와 주간계획 확인
- ☐ 오늘 해야 할 일의 우선순위 확인
- ☐ 스마트폰을 포함해 주변의 방해물 정리하기

Golden Time

과목(할 일)	분량(내용)
	시간 : ~ : 확인 ☐
	시간 : ~ : 확인 ☐
	시간 : ~ : 확인 ☐
	시간 : ~ : 확인 ☐
	시간 : ~ : 확인 ☐
	시간 : ~ : 확인 ☐
	시간 : ~ : 확인 ☐

토막시간 활용

1.

2.

여가 계획

MEMO

잡생각 휴지통

오늘 하루 평가

불만족 보통 만족

① ② ③ ④ ⑤

금 요 일 월 일

〈공부하기 전 체크포인트〉
- ☐ 진로목표와 주간계획 확인
- ☐ 오늘 해야 할 일의 우선순위 확인
- ☐ 스마트폰을 포함해 주변의 방해물 정리하기

Golden Time

과목(할 일)	분량(내용)
	시간 : ~ : 확인 ☐
	시간 : ~ : 확인 ☐
	시간 : ~ : 확인 ☐
	시간 : ~ : 확인 ☐
	시간 : ~ : 확인 ☐
	시간 : ~ : 확인 ☐
	시간 : ~ : 확인 ☐

토막시간 활용
1.
2.

여가 계획

MEMO

잡생각 휴지통

오늘 하루 평가
불만족 보통 만족
① ② ③ ④ ⑤

토 요 일 월 일

〈공부하기 전 체크포인트〉
- ☐ 진로목표와 주간계획 확인
- ☐ 오늘 해야 할 일의 우선순위 확인
- ☐ 스마트폰을 포함해 주변의 방해물 정리하기

Golden Time

과목(할 일)	분량(내용)
	시간 : ~ : 확인 ☐
	시간 : ~ : 확인 ☐
	시간 : ~ : 확인 ☐
	시간 : ~ : 확인 ☐
	시간 : ~ : 확인 ☐
	시간 : ~ : 확인 ☐
	시간 : ~ : 확인 ☐

토막시간 활용

1.

2.

여가 계획

MEMO

잡생각 휴지통

오늘 하루 평가

불만족 보통 만족

① ② ③ ④ ⑤

일 요 일 월 일

〈공부하기 전 체크포인트〉
- ☐ 진로목표와 주간계획 확인
- ☐ 오늘 해야 할 일의 우선순위 확인
- ☐ 스마트폰을 포함해 주변의 방해물 정리하기

Golden Time

과목(할 일)	분량(내용)
	시간 : ~ : 확인 ☐
	시간 : ~ : 확인 ☐
	시간 : ~ : 확인 ☐
	시간 : ~ : 확인 ☐
	시간 : ~ : 확인 ☐
	시간 : ~ : 확인 ☐
	시간 : ~ : 확인 ☐

토막시간 활용

1.

2.

여가 계획

MEMO

잡생각 휴지통

오늘 하루 평가

불만족 보통 만족

① ② ③ ④ ⑤

전체 정리

학습전략 적용하고 소감 적기

✿ 우리는 지금까지 주도적 학습에 도움이 되는 다양한 전략들을 배웠고, 과제를 통해 그 전략을 적용하고 연습도 해 보았다. 각각의 전략들을 어느 정도 적용해 보고 연습해 보았는지 평가해 보자.

학습전략	적용 정도(%)
1. 진로 목표를 기억하고 공부하는 데 적용하려 노력했나요?	0-10-20-30-40-50-60-70-80-90-100
2. 성적 목표를 세우고 이를 달성하기 위해 노력했나요?	0-10-20-30-40-50-60-70-80-90-100
3. 플래너를 통한 시간관리를 꾸준히 실천했나요?	0-10-20-30-40-50-60-70-80-90-100
4. 집중에 도움이 되도록 공부환경을 늘 정리하고 관리했나요?	0-10-20-30-40-50-60-70-80-90-100
5. 집중력 향상에 도움이 되는 전략들을 실제로 사용했나요?	0-10-20-30-40-50-60-70-80-90-100
6. 수업 전 – 중 – 후에 각각 해야 할 일들을 실천했나요?	0-10-20-30-40-50-60-70-80-90-100
7. 필요한 과목을 노트로 정리하고 복습 때 사용했나요?	0-10-20-30-40-50-60-70-80-90-100
8. 효과적인 책 읽기 전략에 따라 교과서를 읽고 정리했나요?	0-10-20-30-40-50-60-70-80-90-100
9. 기억력 향상에 도움이 되는 전략들을 실제로 사용했나요?	0-10-20-30-40-50-60-70-80-90-100
10. 체계적으로 시험을 준비하고, 시험 후 정리하는 시간을 가졌나요?	0-10-20-30-40-50-60-70-80-90-100

학습전략 전체적인 적용 점수는? ________점

✿ 앞으로 더 신경 써야 할 것은?

학습전략의 종류	어떤 점을 신경 써야 할까?

저자 소개

박동혁(Park Dong Hyuck)

아주대학교 심리학과에서 학습과 정신건강에 대한 주제로 임상심리학 석사와 박사 학위를 취득했고, 아주학습능력개발연구실(ALADIN)을 운영하였다. 현재는 심리학습센터 '마음과 배움' 원장, 아주대학교 교육대학원 겸임교수, 원광디지털대학교 심리학과 초빙교수로 재직 중이며, '학습심리' '진로상담' '행동수정' '이상심리' '심리치료' 등의 과목을 강의하고 있나. 이 외에 각급 교육청 및 상담 기관을 대상으로 학습, 인성, 진로에 대한 강연을 진행하고 있다. 대표 저서로는 『MLST 학습전략검사』(인싸이트, 2014), 『MindFit 인성건강검사』(인싸이트, 2014), 『LAMP 워크북 시리즈』(학지사, 2014), 『KMDT 진학진단검사』(인싸이트, 2012) 등이 있다.

대학생을 위한 학습전략의 실제
- Lamp Workbook -
Practice of Learning Strategy for College Students

2018년 3월 20일 1판 1쇄 발행
2022년 8월 10일 1판 4쇄 발행

지은이 • 박 동 혁
펴낸이 • 김 진 환
펴낸곳 • (주) 학지사
04031 서울특별시 마포구 양화로 15길 20 마인드월드빌딩 5층
대표전화 • 02) 330-5114 팩스 • 02) 324-2345
등록번호 • 제313-2006-000265호
홈페이지 • http://www.hakjisa.co.kr
페이스북 • https://www.facebook.com/hakjisabook

ISBN 978-89-997-1380-4 03370

정가 **19,000**원

이 도서의 국립중앙도서관 출판시도서목록(CIP)은 서지정보유통지원시스템 홈페이지(http://seoji.nl.go.kr)와 국가자료공동목록시스템(http://www.nl.go.kr/kolisnet)에서 이용하실 수 있습니다.
(CIP제어번호: CIP2018006308)

Page 14

감정 스티커